JN056386

プロレスラー夜明け前

歴史をつくった21人の男たち、そのデビュー秘史と〈真実〉の言葉

瑞佐富郎

standards

オン杯争奪戦
勝

'87ヤングライ
優
¥500

はじめに

「僕、猪木さんにスカウトされたんですよ、小学6年生の時」

1972年生まれのプロレスラー、大谷晋二郎は語る。地元のホテルに猪木が来たのを観に行き、近づこうとして、ガードマンに腕を掴まれた。それでも、「猪木さん！」と叫ぶと、猪木は気づき、ガードマンに言ったという。

「放してやって」そして、大谷少年に続けた。

「フフフ、何の用だよ？」

「……」

「サインするか？」

大谷が首に巻いていた赤い闘魂タオルにサインをしてくれた。大谷は思わず、口にしていた。

「僕、新日本プロレスに入ります！」

「おぉ、そうか（笑）。待ってるぞ！」

翌日より、クラスメイトに言いまくった。「『俺、猪木さんにスカウトされたんだ！』ってね（笑）」（大谷）。

1992年、新日本プロレスでデビューする大谷の姿が観られた。

プロレスラーは、今も昔も、常人とは違うと思う。身体的なそれ、体力的なそれ、何より、リングに上がる気持ちの強さ。そして、それらを分ける境い目にあるのが、プロ・デビュー戦ではないだろうか。振り返れば、そこには現在に繋がる、いくつものドラマが存在する。

あまりにも新弟子時代のスパーリングが凄まじかったため、デビュー戦はその延長程度に捉え、ヒゲも剃らずにリングに上がった桜庭和志。やたらと歓声が多いなと思ったら、隣の会場でやっていた堀内孝雄のコンサートのそれだったという、後のインディ界からのスーパースター、ハヤブサ。そして、「アイツは危険だ」と皆が対戦を敬遠し、やむなく、父親分の山本小鉄がデビューの相手を務めた前田日明……ｅｔｃ。

本書は、各選手のデビュー戦をテーマに、それ以前、及び以降を含め、その生き様を描いた書籍となる。旧著でも、引退や逝去をテーマに揺筆させて頂いたが、引き続き扱うのは、各レスラー21人の心の真実（ザ・ロード・ウォリアーズは1組としてカウントした）。各話のタイトルには、初陣に対して彼ら、もしくは相手や関係者が残した、印象深い一言を挙げさせてもらった。外国人レスラーについては、日本でのデビュー戦、つまりは来日第一戦の際の話になるが、いずれも極めて日本に馴染み深い強者たちだけに、その衝撃とともに楽しんで頂ければ幸甚の至りである。

現在、新日本プロレスで活躍中の後藤洋央紀は語る。「自分の子どもが『プロレスラーになりたい』と言ったら？　反対しますよ」その後、意外な理由を述べた。

「親の反対で諦めるようじゃ、プロレスラーなんかになれるわけないし、それは本物の夢とは言えないんだから」

そう、誰しも独りで、それも簡単に夢を実現したわけではない。時には反対する周囲を含め、各話の主人公を取り巻く諸相にも目を向けて頂ければ幸いだ。

2019年10月、大谷晋二郎が主宰するプロレス団体「ZERO1」は、東京・靖国神社にて、「奉納プロレス」を行った。2005年より毎年行って来た神聖なる大会に、この年はビッグなゲストが登場。大谷自身が、マイクでその人物を呼び込んだ。

「アントニオ猪木さんです！」

既に足腰を悪くしていた猪木。だが、赤い杖をつきつつ、リングに登場すると、言った。

「大谷くんが、頑張って続けて来たので、俺にも何か、できるかなと思って……」

猪木が自団体のリングに入場し、そして退場して行く姿に、大谷は少年の日の憧憬が重なり、感動が抑えられなかったという。

「その時、〝大谷くん〟って、初めて呼んでくれたんです」（大谷）

本書の刊行にあたり、拙著「泣けるプロレス」シリーズよりお世話になっている編集の河田周平さま、並びにデザインを担当してくださった「ツー・スリー」さま、写真提供してくださった山内猛さまなどに厚く御礼申し上げます。

誰しもにある、デビュー戦。リングを目指し、その後も闘い抜いた名士達が見せる人生の光芒が、今に続くプロレスの素晴らしさをも、熱く、そして明るく照らすことを、微力ながら願いつつ。

２０２３年10月　瑞　佐富郎

Contents

Contents

Contents

DEBUT
01

1960.9.30

台東体育館

○馬場正平（また裂き・5分15秒）田中米太郎●

ジャイアント馬場

「アガるということはなかったですね。
観客に囲まれるのは、
プロ野球で馴れていますから」

ジャイアント馬場
Giant Baba

1938年1月23日生まれ。新潟県三条市出身。小学生の頃から野球を始め、高校ではエースとして活躍、読売ジャイアンツにスカウトされ、1954年に巨人に投手として入団するも、病気などの不運に見舞われ、やむなく引退。巨人時代に面識があった力道山に直訴して日本プロレスに入団し、1960年9月30日、台東体育館における田中米太郎とのシングル戦でデビューする（同日、同じ会場で猪木寛至もデビュー）。渡米してアメリカのマット界で名を馳せてから凱旋帰国し、日本プロレスを牽引していく存在になる。1972年に全日本プロレスを旗揚げしてからは、社長を兼任しながらリングに立ち続け、世界的なスケールのプロレスラーとして活躍する。1999年1月31日、肝不全により死去。

「何を作ってるんでしょーか!?」

司会者が叫ぶ。モニターには、何かができあがっていく様子が早回しで映っていた。クイズ番組である。解答者は5人。そのうちの1人に、ジャイアント馬場がいた。

『クイズ世界はSHOW by ショーバイ!!』。日本テレビ系で1988年より6年間放送された人気番組だ。馬場はこちらに準レギュラーとして出演していた。

「……何を作ってるんでしょーか!?」

煽るように司会の逸見政孝と渡辺正行が連呼する。同クイズは早押し形式。ただ、一度答えると解答権を失う。問題の物体ができあがるまでは1分間。既に4人が答え、解答権を失っていた。残った1人が馬場だった。

「……終了!」

最後まで馬場は、答えなかった。プロデューサーのK氏は、何とも首をひねった。作られていた物、つまり正解が、「プロレスのマスク（覆面）」だったためである。それは、居並ぶ解答者の中でも、断トツで馬場が熟知しているアイテムのはずであった。

〝石橋を叩いても、渡らない男〟それが馬場に対する世評のひとつである。実際、同番組でも、フリップで全員が回答するクイズならいざ知らず、右記のような早押しのそれでは、ボタンを押した試しは数えるほどしかなかった。クイズ番組への出演も、結局目立ったのはこの番組のみ。もちろん、1972年の旗揚げ時から社長を務める全日本プロレスにおいても、そんなスタンスを堅持。特に第二次UWFが3団体に分裂し、多団体時代が本格化した1991年以降は、その半ば過ぎとなるまで、他団体との交流を一切しなかった。

〝鎖国〟この時期の全日本プロレスを表すのに、よく使われた言葉である。実際のところは、〝怪物〟と言われたジャンボ鶴田と、三沢光晴、川田利明らによる超世代軍との争い、そしてそれに継ぐ三沢、川田に田上明、小橋建太を含めた〝四天王プロレス〟が高い人気を誇っていたこともあるだろう。自前の戦力で充分過ぎるほど客を呼べたのだ。

ところが、である。その余勢を買い、大会場である横浜アリーナへの進出を、社員や昵懇だったマスコミ陣が進言すると、馬場はそれを固辞。従来通り、横浜文化体育館や川崎市体育館という、中規模会場を使い続けた。挙句、そのポリシーを綴った専門誌の連載のタイトルからして、「全日本プロレス馬場戦略の真実⁉　防御は最大の攻撃なり‼」というもの（『週刊ゴング』1999年10月〜2001年10月）。

先人の箴言を借りれば、まさに動かざること山のごとし。読者の中には、グッズ売り場にどっしりと構え、商品にサインを走らせる後年の馬場の姿を思い出す方も多いかもしれない。ただ、リングアナの1人は、こんな光景を思い出すことがあるという。

「よく会場に来ていた女性……それも、地方まで遠征に行くような熱烈なファンの方と、グッズ売り場の馬場さんの目が合った。すると馬場さん、急にその場を立って行ってしまったんです」

極度の照れ屋。それも馬場に付与されたイメージのひとつだった。なるほど、妻・馬場元子との結婚を11年も黙っていただけのことはある（※1971年9月に挙式をあげるも、公表したのは1982年7月）。往年の漫才コンビ・B&Bの島田洋七は漫才ブームによる営業で全国を文字通り飛び回っていたまさにその80年代初頭、羽田空港で馬場に遭遇し、「握手してください」と手を差し出すと、馬場は意外な反応を見せたという。当代随一の売れっ子の洋七に、中指と薬指だけ差し出したのだ（もっともこれは、シャイともとれるし、素っ気ないととれなくもない）。

よくご相伴にあずかったプロレス評論家の門馬忠雄は、こう懐かしむ。「レストランに入って自分がカキフライを食べ終わると、言うんです。『お前もカキフライ、（追加で）注文しろよ』と」。だが、いざカキフライが門馬のもとに来ると、馬場がそれを食べてしまったという。そして、店を出て言うには、「飯、食いに行こう」。別のレストランに入り、また頼むのは、「カキフライ（笑）。要するに、1人で何人前もたいらげたと思われたくないわけですよ」（門馬）。

そんな馬場が、衆人環視の中で行うプロレスでデビューした時の心持ちは、いったい、いかばかりだったことだろう？　1960年9月30日、本名の馬場正平でデビュー戦を終えた直後の談話が残っている。

「アガるということはなかったですね。観客に囲まれるのは、プロ野球で馴れていますから」

当時の報道によれば、静かな笑みまでたたえていたという。

「パレードのお知らせ」「水野久美」「馬場正平」。プロレス・デビューに先立つ2年8カ月前の1958年1月、こんな文字が躍る貼り紙が掲示された。場所は新潟県三条市の一ノ木戸商店街。同市は馬場の故郷。水野久美は馬場より1つ年上、当時21歳の映画女優。あわせて同郷かつ、中学は同窓だ。対してプロレス入り前の馬場はと言えば、そう、読売巨人軍の投手。しかもこれは、新潟県からは初めてのプロ野球の選手の輩出。いわば地元の星2人を帰郷させての凱旋パレードの催しだった。こちらは多くの人を喜ばせたようで、側面が開放された小型トラックの荷台に乗り、小柄な水野に釣り合わせるかのように中腰で手を振る、笑顔の馬場の写真が残されている。

地元だけではない。プロ野球選手時代の馬場は、大層な人気者であった。1954年11月、16歳でのプロ入りの話題に、世間は騒然。「巨人中の巨人」「お相撲さんの世界でもこの少年より背の高い力士は三人しか見当たらない（※当時身長191㎝）」（『週刊ジャイアンツ』1954年12月7日号）。多摩川にあった巨人の選手寮は基本的に2人部屋だったが、馬場がその巨体ゆえ、4畳半の部屋を1人で使い、さらに足を伸ばせるよう、布団を斜めに敷いていると聞くと、それもニュースとなった。1956年の夏には、巨人軍と同じく、北海道遠征（巡業）中の大相撲一行と〝手合わせ〟した記事も。それも、大相撲側からの申し出であった（結果は馬場の惜敗）。成績も悪くなかった。１９５７年には一軍デビューし、10月23日には初先発。何と〝魔球〟フォークボールの神様として知られる杉下茂（中日）と投げ合い、しかも杉下はこの試合で２００勝目を達成。とはいえ、新鋭・馬場も奮戦し、5回1失点。翌１９５８年には2軍で7勝1敗。あの長嶋茂雄が巨人入りしたのもこの年で、馬場はキャンプで彼の初のキャッチボール相手を務めた。次いで翌年には王貞治も入団。こちらも初の打撃投手は馬場だった。紐解けば、そこかしこに出てくる、巨人軍投手・馬場正平の名。だが、馬場自身は振り返る。

「（当初は）なんでオレが一軍に行けないのか、それで随分ヒガミましたよ。一年目はとにかく、他の四年間はずっと二軍の最優秀投手だったんだからね」（『潮』１９７８年12月号）

忘れられぬ思い出がある。気の置けぬ仲だった二軍選手たちで、約束したことがあった。年末、彼らにとっては年に一度の帰省をする際のことだ。「これからは、監督やコーチに、郷里から贈り物をするのは辞めよう」。それは、実力がありつつ、二軍でくすぶっていた男たちの意地だったのかもしれない。

だが、年が明け、合宿所に舞い戻り、驚く。監督やコーチからの礼状が各選手宛てに届いていた。約束を守った者などいなかったのだ。

小学生の時、Tという先生に廊下に立たされたことがある馬場。ところが、T先生はそれを忘れて帰ってしまった。用務員が来てビックリ。馬場は下校の時間が過ぎても廊下に立っていた。早く帰るよう促すと、馬場は言った。「T先生が、『帰って良い』と言うまでは……」。用務員が連絡をし、ようやくことなきを得た。そんな馬場にとって、同志の裏切りはいかばかりのものだったろう。

マウンドでも心を痛めた。一軍初登板となった1957年8月25日、こう言われる。「(その巨体で)ストライク、入るんかい?」。ベンチから出る際にすれ違った、相手側の阪神監督、藤村富美男だった。馬場は委縮し、おまけに捕手の森祇晶(馬場とは同期の、後の西武ライオンズにおける名将)が要求した1球目はカーブ。馬場はカーブには自信がなかったがうなずき、1球目を投じた。外角低めのストレートだった。森がマウンドにかけよる。「何でカーブを投げないんだ?サインが見えなかったのか?」。馬場は答えた。「(自信がない)カーブを投げて、ストライクを取れなかったら、また藤村さんに何を言われるかと思って……」。完全に気後れしていた。

球団から、自由契約を申し渡されたのは1959年の11月9日。馬場はあっさりと受諾し、寮を出たという。だが、その数週間後のことだ。

巨人軍選手の行きつけだった雀荘に、馬場がユラリと現れた。そして言ったという。

「俺も混ぜてくれよ……」

翌月には、大洋ホエールズのテストを受け、合格。この際の、言うなればトライアウトの場は当然、大洋の練習グラウンド。ところが、あろうことか多摩川を挟んで隣が、かつて知ったる巨人の練習場だった。ユニフォームを巨人のものしか持っていなかった馬場は投球にあたり、そちらを裏返しに着用して臨んだという。

「なぜ馬場などに大洋が食指をうごかしているのだろうか。（中略）興行価値あり。いわゆる野球界のピエロとしての馬場を買ったのだ」（『週刊新潮』1959年12月14日号）。確かに、そういう側面はあった。特に、先のパレードではないが、地元・新潟を含む北陸地方の二軍の遠征では、超がつくほどの大人気だった（余談ながら、馬場の墓は新潟にはない）。

翌年2月のキャンプ中、馬場は浴場で立ちくらみを起こしガラス戸を突き破り転倒。左手に裂傷を負い、大洋を去った。球団側がテスト生扱いのまま正式契約を結ばなかったためだが、怪我自体は2週間で完治しただけに、馬場自身が騒ぎを重荷に感じ、身を退いたとする見方も根強い。

件（くだん）の入浴時、馬場は1人だった。他の選手たちが出払った瞬間を選んでいたのだ。

遡るが、馬場は中学生の時、電車に乗る際は必ず車両の連結部に立っていたという逸話が残されている。理由を聞くと、馬場はこう答えた。

「自分は体がでかいので、車両にいると皆さんの邪魔になりますから……」

「あぁ、レスラーになってよかったと、しみじみ思ったねぇ」

笑みまで見せたデビュー戦後も、馬場は連戦連勝。新人ながらシングル81戦中53勝という破格の戦績を残し、1961年7月1日、アメリカ修行へ。デビューして10ヵ月も経ってなかった。しかし、これが馬場にさらなる利運を呼んだ。

「それまで背伸びをして歩いたことがなかった。子供の頃から背がでかいというのが俺のコンプレックスになっていた。背を丸めて猫背になったりね……。下を向いて歩くクセがいつの間にかついてたんですよ。それがニューヨークに行って本当に背伸びして胸を張って歩けるようになった」(『東京スポーツ』1983年4月20日付。前言も)

「(ニューヨークの)ブロードウェイを歩かされるんですよ。(プロレスラーとしての)自分を売るためにね。『俺はもっと大きくなってやろう』と、その時のほど胸を張って歩けたことはないですね。今までは『小さくなりたい、小さくなりたい』と思ってましたからね。野球選手の時分はですよ」(NHKラジオ『人生三つの歌あり』より)

おそるおそる、差し出された中指と薬指を握ってみた。

「!」

洋七は気づいた。その2本の指だけで充分、普通の人の手の大きさがあることに。馬場は茶目っ気たっぷりに微笑み、言った。「(テレビで)観てるよ。頑張ってね」。

周囲から何度も打診された、横浜アリーナの使用。馬場はその度に、こう応じた。「客が入っている今こそ、今までお世話になった会場に、恩返しして行かなきゃいかん」……。

ある時、控室にいた若手レスラーのAは驚いた。突然、グッズ売り場にいたはずの馬場に目の前に立たれたのだ。Aにその日、試合は組まれておらず、ゆえにくつろいでいた。馬場は言った。

「お前、今日、試合、出ろ」

リングアナは懐かし気に追想する。

「馬場さんは、実によくファンのことを見ていた。A選手の熱烈なファンの子が、地方の会場まで来ていたことに気づいたんです。ところが、A選手の試合は、その日、組まれてなかった。そしたら席を立って、緊急出場させたんですね」

『クイズ世界はSHOW by ショーバイ‼』のKプロデューサーは、答えなかった馬場に釈然とせず、改めて正解の画像を見てみた。

（……あっ！）

ようやく気づいた。できあがっていたマスク。それは対抗団体である新日本プロレスの獣神サンダー・ライガー仕様のそれだったのだ。K氏が「行程も含め、後で別のマスクのものに差し替えます」と詫びると、馬場は安心したように笑顔を見せたという。

温かみもあり、ユーモラスなキャラクターで、『SHOW by ショーバイ‼』登場以降は、クイズ番組への出演依頼が殺到。だが、すべて断った。「『SHOW by ショーバイ‼』の解答者として出していただいているわけだから、他に出れば裏切ることになる」というのが、その理由だった。

長い間、結婚を黙って来た馬場がそれを公表した3年後の1985年、妻・元子の父親が急死。号泣し、悲嘆にくれる元子に、馬場が声をかけた。

「俺たちのお墓は、お父さんの隣に作ろう」

ジャイアント馬場夫妻の墓は、元子夫人の生地、兵庫県明石市にある。

DEBUT
02

1960.9.30

台東体育館
○大木金太郎（逆腕固め・7分6秒）猪木寛至●

アントニオ猪木

「日本チャンピオンになって、
ブラジルに行くのが夢です」

アントニオ猪木
Antonio Inoki

1943年2月20日生まれ。神奈川県横浜市鶴見区出身。13歳の時に家族でブラジルに渡り、サンパウロ市で農業に従事していたところ、興行で同市に来ていた力道山から直接スカウトされて帰国、日本プロレスに入門。1960年9月30日、台東体育館で大木金太郎を相手に、本名の猪木寛至としてデビュー戦を飾る。アメリカ武者修行から東京プロレスへの参加、日本プロレスの復帰を経てジャイアント馬場と並ぶプロレス界のエースとなり、1972年に新日本プロレスを設立してからは異種格闘技戦、IWGPシリーズなどを通して名実ともに日本を代表するプロレスラーになる。政界進出(1989)、引退(1998)以降もリング界に強い影響を与え続け、2022年10月1日、心不全で死去したのちも伝説は絶えない。

鉄の棒だ。長さは80㎝ある。

その先端を、霧雨が降っているかのように見える小部屋に差し込んだ、瞬間。

「!?」

鉄の棒は、手元部分を残し、消滅していた。

「100点だ」

見守っていた男は言った。アントニオ猪木である。

時は2020年10月31日。場所は横浜市の日本丸メモリアルパーク。その小部屋には、こんな名称がついていた。『Antonio Inoki Lab』(猪木実験室)。いわば、公開実験の場であった。

世界の食糧危機を救うというバイオ事業「アントン・ハイセル」、一度動き出すと永遠に発電し続ける「永久電池」等々、猪木が手を出し、思うような成果を挙げなかった新規事業は多い。モハメッド・アリ戦を手掛けた興行師、康芳夫は語る。

「猪木さんの魅力? いい意味でホラ吹きなところ。僕と一緒で、悪い意味もありますが(笑)」

康は過去、「ネッシー探索隊」や、人間と猿の混血という触れ込みの「オリバー君」の来日を主導して来た。「世間を驚かせたい」という気持ちがただの大言壮語に終わらず、実行へと移ってしまう(?)ところも似ていたと言っていいだろう。ましてや猪木はプロレスラー。アッと言わされたレスラーは多い。まだゴング前のレフェリーチェック時に右ストレートを食らった大木金太郎（1974年10月10日）、掟破りの逆ラリアットを見舞われたスタン・ハンセン（1980年9月25日）、当の猪木を失神ＫＯしてしまい、舌を出して動かぬ様子にオロオロするハルク・ホーガン……（1983年6月2日）。そして、それは引退すると、レスラー以外の相手にも続いた。

2003年9月のことだ。取材の最中、猪木は突然、妙なことを言い出した。

「ふむ……。君の目は今、何かを訴えているよな？」

「……？」

「俺は、心が読めるんだよ」

対峙していたのは、テレビ朝日の中丸徹アナウンサー。つまり、ただのインタビューのはずだった。その瞬間までは。

「この俺に、『今、この川に飛び込んでくれたら面白いのにな』と思ってるんだろう？」

「……はぁ？？」

そう言うと猪木はクルリと振り向き、眼下の川へ飛び込んで行った。1㎝先も目視できないほど濁ったアマゾン川での出来事である。仰天した中丸アナの声が被さる。

「あぁっ!!　猪木さん、ピラニアの海に飛び込んでいきました！」

当時、猪木は総合格闘技大会「ジャングル・ファイト」を主宰。その第1回大会でのことだ。その舞台は長大なアマゾン川を有する、ブラジルだった。

ブラジルは猪木にとって、余りに馴染みの深い国だ。１９５７年の14歳時に、家族とともに移住。あてがわれたコーヒー園で奴隷同然の重労働に緊縛されたのは、知られるところであろう。そこに現れた救いの主が力道山だったわけだ。陸上競技大会での実績を聞きつけ、猪木をプロレスラーへとスカウトしたことまでは、本当の話である。嘘をまぶされたのは、その直後だった。

「新人レスラーが登場した。（中略）馬場正平（二二）とブラジル生まれの日系米人で陸上選手だった猪木完至（※原文ママ）（十七）の変わりダネレスラーである」（『スポーツニッポン』１９６０年10月1日付）

１９６０年9月30日のプロ・デビュー戦を報じる記事だが、〝ブラジル生まれの日系米人〟……。今さらだが、猪木はれっきとした日本人であり、神奈川県は横浜市立の東台小学校、同じく寺尾中学校に就学していた。よって、帰国当初はずいぶん元級友からの電話に悩まされたようだ。

「嘘をつくな！　お前は寛至だろう⁉」

「……」

驚くべきことに、このブラジル生まれという設定は、猪木が渡米し、帰国後、自らの新団体（東京プロレス）を旗揚げするまで続いた。事実、デビュー2年後、初出場した「ワールドリーグ戦」

では、ブラジル代表としての参加であった。力道山出演のドラマ『チャンピオン太』に、まさに異国からの襲来を思わせる怪人、〝死神酋長〟として出演したのを知る読者も多かろう。おしなべて力道山の方針だったことは、想像に難くない。真実とは真っ赤に違う出生。つまるところ、いきなりホラを吹かされ続ける形となった猪木は、記念すべきデビュー戦の試合後、こう述べた。

「日本チャンピオンになって、ブラジルに行くのが夢です」

思いも寄らぬことに、この言葉は本音だった。しかも、時を経るごとに、重みを増した。

地球の裏側にある同国を新天地と謳うパンフレットに誘われ、他の日本人家族とともに渡航。約2ヵ月の船旅の途中、祖父はバナナに当たり、絶命。到着し、移住地まで揺られた列車は、ドアも窓もないコンテナ形式。着いた住居は、電気はおろか水道もなく、果てはトイレもない掘っ立て小屋だった。休む間もなく翌朝から堅いコーヒー豆を摘む作業に従事。コーヒー園の大きさは、何と8万平方メートル。その初日から軍手が破れ、指先から血が出た。1日働き終わると、猪木少年の脱いだTシャツは、そのまま立った。汗の塩分で固まっていたのだ。地獄のような環境に耐えかね、夜逃げしようとした別家族は、園の警備官に撃ち殺された。母は毎晩泣き、移住を先導した3番目の兄（猪木寿一）は責任を感じノイローゼになり、一時は失踪した。

戦死した長男、実家を管理する二男、既に嫁いでいた長女を除く、8人兄弟でいたことが次第に幸いするようになった。報酬は収穫量で決まる。働き手が多ければそれだけ優位だったのだ。ところが、これが新たな軋轢を産む。発端は共に渡伯した、他の家族からの嫉妬だった。既に日本で父も亡くしていた猪木家は兄弟を中心に会議し、決めた。「同じ日本人同士で憎み合ってどうする。それならこちらが出て行こう」。ブラジル人ばかりの隣の部落に移り、収穫に精励。逆に、家族の絆は強くなった。1年半後には、渡航時から自分たちを縛り付けていた契約が終了。自分たちの畑を借り自活する形となった。

見るものすべてが新しかった。冒険心から入ったジャングルで、小型の豹を見た。労働を終えて暗い中、兄弟たちと帰って来ると、街灯のように道を照らす木があった。蛍が集まって明滅しているのだった。他と比べてやたらとグングン育つ木があるなあと思ううちに、気がついた。その根元で、自分がいつも用を足していたものが、肥料代わりとなっていたのだ。生水を飲んで赤痢にもかかったが、放っておくと治ってしまった。堅い木を薪割りしようとしたら斧が跳ね返り、右足に食い込んだ時も、出血を水で流し、しばらくしたら治っていた。プロレスラーになってから、医者に言われたことがある。

「自然治癒力が、常人の数十倍はある」

後年、新日本プロレスを旗揚げして僅か2年後の1974年12月、ブラジル遠征を敢行。興行的にも大成功し、その収益で、現地のサンパウロ法科大学に奨学金制度を創設。同大学とブラジ

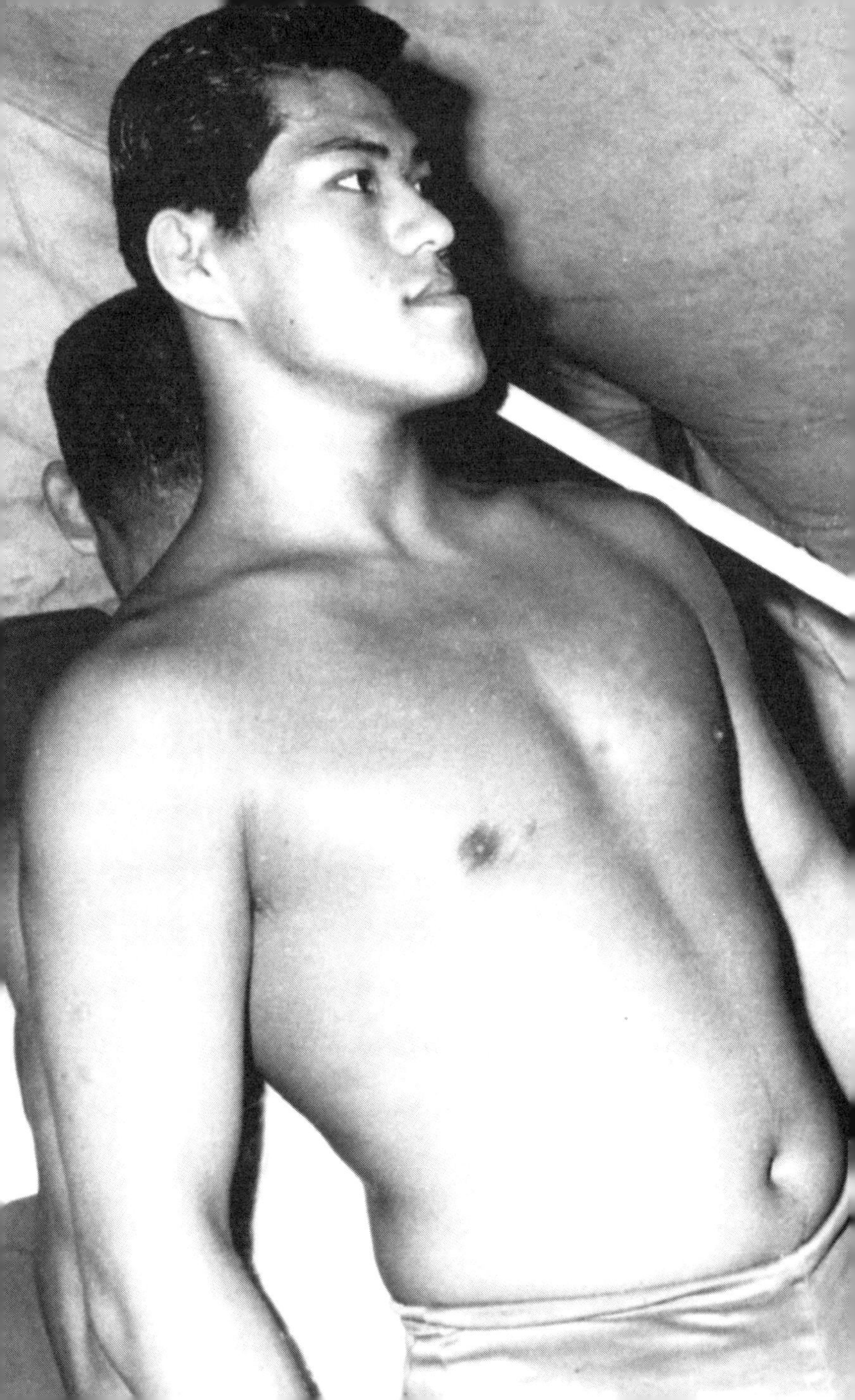

ル政府から、『グラン・オフィシャル勲章』を受賞した。日本では元首相・吉田茂も受賞者に名を連ねる、栄誉ある賞である。苦労した反面、今の自分を形成した場所、第二の故郷への錦は、愛憎半ばする気持ちに心地よく終りを告げるものだったはずだが、猪木の表情は、浮かなかった。

7日間に2戦の日程で行われたブラジル遠征。ふと思い立ち、懐かしさから、かつてのコーヒー園を訪れてみた。

「⁉」

無くなっていた。見渡す限り、砂漠になっていたのだ。

「ペンペン草すら生えられない状態でね……」（猪木）

原因は、化学肥料の大量投入と連作だった。土壌が酸性化していたのだ。この事態はコーヒー園に限らず、牧場にも大ダメージを与えた。牧草が生えないのだから当たり前だ。現地に、自分がいた頃よりもヤギが異常に多くなっていると思い、近づいて見て驚いた。それらはすべて、極度に痩せ細った牛だったのだ。共に日本から来た筈の入植者のコミュニティも、跡形もなく消滅していた。猪木はこの時の衝撃を、こう語る。

「自分たちが頑張って来た痕跡だけじゃない。思い出や歴史も、まるで無かったかのように消されたようでね……」

そんな猪木の元を1人の女学生が訪れたのは、1978年の新日本・福岡大会のことだった。『パラオ・戦没者遺骨収集チャリティ大会』。1978〜79年に、稀に見られた新日本プロレスの大会名である。女学生の名はエミー。パラオから東海大学に留学中、『ワールドプロレスリング』を視聴し、大の猪木ファンになってしまった。同時に、自分の国と、日本との関係を改めて精査。過去、パラオは日本の統治下にあったが、その最中に戦争が激化、同地で1万人以上の日本人が戦死し、その遺骨を収集するボランティア隊が日本から送られていた。すっかり親日家となっていたエミーさんもこちらに参加したのだが、遅々として行動できぬ現状に愕然とした。資金が足りなかったのだ。そんな折、エミーさんが思い出したのが、ブラジル移民としての猪木の過去だった。エミーさんは福岡の試合会場で、猪木に直談判する。同地で亡くなった日本人の遺骨収集に力を貸してください、と。

諸手を挙げて応諾した猪木は、先に触れたチャリティ大会を開催した。資金を捻出し、さらに知名度を活かし、週刊誌に以下のような一文を掲示した。「一九八一年の元日を期して独立するパラオ諸島。（中略）その現地に英文の本を寄贈しようと、現在、本を集めておりますが、ご協力頂ければ有難く存じます」（『週刊新潮』1979年12月20日号）。すると、今度はエミーさんから猪木に申し出があった。「私たちの国に、招待させてください」。彼女はパラオの酋長（独立後は区長）の娘だったのだ。

１９８０年2月、猪木はパラオ諸島を訪問。出迎えたのは、現地の人々が振る、たくさんの日の丸だった。澄んだ空気、文字通りマリンブルーの海、そして、諸島のほとんどを占める風光明媚な自然を存分に満喫する猪木。カーター大統領、福田赳夫首相に続く、３人目のパラオの名誉市民にもなった。そんな歓待の中、エミーさんの父、バーレス・セトロンから、申し訳なさそうに切り出されたのは、まさに帰国の途に着こうとする直前だった。

「猪木さん、今の私たちには、お金がありません……」

「……」

「ですから、お土産の類は、用意できないのです」

「そんな……（笑）」

「でも、島なら幾らでもあります。どれでも好きな島を選んでください」

5ヵ月後の１９８０年7月、パラオ本島からモーターボートで20km南下した島に、看板が建てられた。

『ANTONIO INOKI'S ISLAND』

ファンならご存じだろう、「イノキ・アイランド」。パラオ共和国で、大小４００以上もの無人島が点在するロックアイランド群の中央に位置し、長さは4㎞ありながら幅は700m。細長の地形で、常に海がそばにある印象。人為的なものと言えば、トイレにサマーハウスにバーベキュー設備程度。現地の人々が、「屋根のない病院と思ってください」と言うのもうなずける、抜群のヒーリング・スポットだ。実は猪木が持っているのは使用権だけで、所有権はパラオ共和国にあり、正式な島名はエルベル島。かつての猪木の右腕であり、当時、島の選定にも尽力した新間寿が建てた前陣の看板も今はないのだが、現地では完全に「イノキ・アイランド」の名称で通っている。数々の秘史を紡いで来た。1997年、ザ・グレート・ムタ戦を控える小川直也相手に、火のついた槍をかわす特訓をさせたかと思えば、格闘界で新たな居場所を求めていた佐竹雅昭には、延髄斬りを伝授（2001年）。2003年、新日本プロレスのマッチメイカーに就任した上井文彦が、猪木に腹案を持ちかけたのもこの島だった。打ち解けていなかった上井を猪木が島に招待した。ほぼ全裸で、木陰で用を足し、夜は焚火で暖を取る2人。裸の付き合いを経て、上井は猪木に願い出た。それは、新日本プロレスの黄金時代を築きながら、後年その政治活動を巡り、猪木とは不和となっていた前掲の〝過激な仕掛け人〟新間寿との復縁。猪木も了承し、後日、帝国ホテルで猪木と再会した新間は、「ご無沙汰しております……」と涙を見せたという。

気のおけない友人たちは、何度も招待した。晩年の常宿になったホテルオークラの関係者はその代表例だ。だが、晩年の10年、猪木はこの島について嘆じることが多くなっていたという。

「自然を、汚していく人が多くてね……」

上陸については自由なだけに、曲りなりにも簡単な設備のある「イノキ・アイランド」は、ロックアイランドをめぐるツアーやダイビングの船の絶好の休憩場所となっていたのだ。

「私たちは、個人の力じゃどうしようもないから、おやめになったほうがいいと忠告したんですが……」と、語るのは岡山にあるH研究所の職員。猪木は、先のブラジル土壌の砂漠化を憂い、1980年、「アントン・ハイセル」を起業。同国にて大量廃棄されるサトウキビの搾りかす（バカス）がその酸性化の主因と判断し、バカスを牛の飼料に転用する大型プラントを設立した。折しもブラジル政府自体が、同じくサトウキビからアルコールを精製し燃料化する構想を持っており、こちらを支援。ところが、肝心の飼料化が上手くいかず、失敗続き。約20億円とも言われるこちらへの資金投入は新日本プロレスの屋台骨も揺るがし、1983年8月には社内クーデターが勃発。新日本の社長を一時降格させられたのは知られるところだろう。ところが、11月に社長に復帰すると、あろうことか、降格の引き金となったハイセル構想を継続する動きを見せた。前出のH研究所の職員は語る。「その時（1983年11月）にいらして。何度も訊ねて来る。『理論的にバガスを飼料化するのは可能なのか』と」。H研究所は既にあまたの実用新案権を取得していた、バイオテクノロジーにおける最先端企業だった。

気がつけば、緑化の重要性を語る猪木の情熱にほだされ、実験に次ぐ実験の末、微生物を使った発酵による、バカスの飼料化に成功。現在は沖縄にプラントが建てられ、また、アントン・ハイセルも「アントン・バイオテック」と名を変え、H研究所から学んだ菌の培養技術を活かし、大成功。現地では超優良企業となっている。また、ブラジル政府も、サトウキビからアルコール燃料を抽出する事業を2005年より改めて自前で再開。環境問題の大切さに、改めて気づいたのである。折しも先述の「ジャングル・ファイト」が行われたのが2003年の9月。何とブラジルの外務省が後援に付いていていた。

自ら、体ひとつで濁ったアマゾン川に飛び込んで見せた猪木。改めて川から上がると、お付きの者たちが心配して駆け寄ったが、本人は爽快な笑顔を見せていた。手つかずの自然を満喫するかのように。

「100点だ」

『Antonio Inoki Lab』の実験を終え、猪木はマイクで報道陣、及び聴衆に語りかけた。

「フィリピンの(ゴミの廃棄場として知られる)スモーキー・マウンテンに行った時にね、ゴミの山で、それを処理できないで……。日本でもバブルの時にいろんなゴミを埋めて、今それを掘り返して、問題になってるでしょ?」

猪木が披露した実験は、1万℃の水プラズマで（ゴミと目した）鉄の棒を蒸発、プラス、有益な水素ガスに変えるというものだった。「（各国の）首相たちは環境問題を訴えるだけで、実際は何もしてない。それに対して、こういうことができるよと、大声でメッセージを送って行きたい。なんとか綺麗な地球に戻せるように、皆さんと力を合わせて……」。

『Antonio Inoki Lab』を搭載したコンテナの側面には、猪木の写真とともに、以下の文字が大書されていた。

『Rise from Adversity! Cleanse Our Earth!!』（逆境から立ち上がれ！　地球を綺麗に!!）

猪木はこの2ヵ月後、腰にバイ菌が入り、長期的な入院を余儀なくされる。それ以前に、最後に公の場に姿を現したのが、この公開実験の場だった。そして、2022年10月1日の逝去直前、「今、やりたいこと」として動画にて病床から言い残した生涯最後のメッセージは、以下のようなものだった。「世界のゴミを消していくこと……。世界に向けて猪木しかできないこと。『どうだー！』と大きな声で出せる日がもうそこまで来ています……」。

2011年、パラオに朗報が飛び込んだ。「ロックアイランド諸島と南ラグーン」が世界遺産に登録されたのだ。それは、同国では初の世界遺産認定であった。

その中心に、誰の島があるかは、先に述べた通りである。

DEBUT
03

1971.6.27

茨城県結城市立町広場特設リング

○戸口正徳(体固め・7分37秒)桜田一男●

ケンドー・ナガサキ

「俺自身は、強くもなんともないと思ってるんだけどね……」

ケンドー・ナガサキ
Kendo Nagasaki

1948年9月26日生まれ。北海道網走市出身。本名：櫻田一男。中学卒業後、大相撲立浪部屋に入門し、1964年1月初土俵、2年後には序二段で全勝優勝を果たすが、先輩力士とのトラブルなどが重なり、1971年に廃業。同年日本プロレスに入団し、6月27日の戸口正徳戦でデビューを果たす。日本プロレス崩壊後は全日本プロレスに移籍し、1976年より海外遠征に出発、日本人ヒールとして話題を集め、1982年にペイントレスラー、ケンドー・ナガサキに変身して強烈な印象を与える。1990年からSWS、NOW、大日本プロレスなどでの旗揚げに参加し、総合格闘技などでも活躍。2020年1月12日に死去するまで幅広い活動を続けた。

「少しでも観た人の印象に残らないと。とにかく、自分の名前を覚えて欲しいです」

新日本プロレスで今を時めく、KENTAのコメントである。KENTAと言えば、ウィットをまぶした毒舌でも知られるが、右の言葉は何とも殊勝な一言。それもそのはず。こちら、彼がプレ・デビューした、バトルロイヤル直後のコメントだったのだ（2000年3月11日・後楽園ホール）。エルボーやドロップキックで果敢に先輩たちに挑むKENTA、もとい当時、小林健太。ところが、あっさりと攻守逆転、先輩たちに代わる代わるいたぶられ、最後は複数の選手に乗っかられ、3カウント。当たり前のように、最初の退場者になっていた。

新人にとってのバトルロイヤルは、公開でのシゴキの場だ。同じくバトルロイヤルでプレ・デビューしたレジェンド、三沢光晴は「ただ、上の人たちに投げられるだけの役（笑）」と振り返る。この慣習は現在でも変わらぬようで、2013年1月7日、バトルロイヤルで仮のデビューを果たした熊野準（NOAH）は、やはりボディースラムで先輩たちにかわりばんこに投げられ、最初の退場者になっている。「とにかく皆にボコボコにされて。まあ、お客の前での受け身を覚えられたかな？」（熊野）。

ところが、このバトルロイヤルで、優勝してしまった新人がいた。それも、まだデビュー3ヵ月目で。しかも、現在よりよほど上下関係が厳しかろう、力道山から続く「日本プロレス」においてである。

その男こそ、ケンドー・ナガサキだった。

ケンドー・ナガサキ、本名、桜田一男。腕自慢のレスラーの中でも、常に〝喧嘩最強〟の肩書きがついて回る猛者である。1971年1月のプロレス入り後、半年も経たない6月27日にデビュー。そのバトルロイヤルが行われたのは同年の9月29日、八王子市民球場大会。同期の藤波辰爾、佐藤昭雄、キラー・カーンらが、いわば定石通り早々と姿を消す中、ナガサキは最後まで残り、4年先輩の安達勝治を下し、なんと優勝。「一年坊主の新人だと思ってたんだけど」という安達の述懐が残る。「早いうちに海外に出したい」という、当時の日本プロレス首脳の評価もあるくどいようだが、デビューして3ヵ月の新人である。「日本には敵なし」という深意に取れなくもない。なお、八王子はナガサキの地元でも何でもなく、錦を飾らせる意図があったわけでもなかった。これらの異例さが、ナガサキの地力の、底知れぬ強さを物語っていた。後年になるが、デスマッチを主流としたFMWの要だったターザン後藤の一言は、それを表して鮮明だ。

「ナガサキとは、そもそも試合をすること自体がデスマッチ」

その手の伝説にも、枚挙に暇がない。「自宅近くを毎晩走る暴走族を待ち伏せ、走って来るナナハンを受け止めて投げ飛ばした」「プロレスの営業車が30人程度の暴走族に囲まれると、そのバイクを一つひとつ壊していった」、果てはその少年時代に遡り、「木刀1本を持って流氷に乗り、トドを見つけては一騎打ちを挑んでいた」。（本当かよ！）と思うし、もちろん、尾ひれがついている場合もあるだろう。だが、ハナからの強さの要因が、その生い立ちにあった。

北海道網走市生まれ。この地名からすぐ想起される網走刑務所から、住居は徒歩3分。なんと同刑務所の官舎だった。祖父も父も、同所の刑務官だったのだ。よって、桜田少年も、幼少期から網走刑務所に出入りし、受刑者たちと遊んだり、食事をしたりしていた。「恐いという気持ちはまったくなかった」という。さらには、刑務所内にある柔道場で、柔道を習い始めた。「何せ寒い土地だから、常に体を動かしてないと」というのが本人の回顧だが、元より自信があったのだろう。町内の相撲大会では連戦連勝。体もメキメキと言っていいほどでかくなり、中学3年生時には、身長は188㎝、体重は約100㎏に。噂は本当に海を越え、角界からスカウトが来た。しかも名門、二所ノ関部屋と立浪部屋である。そのうち後者を選び、その実力から着実に番付を上げて行くも、結局は周囲の制止を振り切って廃業。同じく角界の先輩である永源遥を頼って日本プロレス入りした際は、こう思ったという。「何て自由な世界なんだ」。相撲部屋独特の厳しい上下関係に、ほとほと嫌気が差していたのだ。

よって、その主戦場を、より縛りのない海外に求めたのは、当然の帰結だったのかもしれない。日本プロレス崩壊後、全日本プロレスに若手の1人として吸収されたが、1976年11月に海外に出されると、水を得た魚となって活躍。すぐに意外な人物から電話が来た。「ルイジアナに来ないか？　メインどころで使う」往年のプロレス名人、ディック・マードックだった。全日本参戦時代、桜田のファイトを観ていたので、その可能性を見抜いていたのだろう。ルイジアナではこちらも実力者、キラー・カール・コックスの正パートナーに起用されると、後は順風満帆。アンドレ・ザ・ジャイアントと戦ったこともあれば、ハーリー・レイスの持つNWA世界ヘビー級王座に挑戦したことも。さらに1982年、テリー・ファンクのアイデアからペイントレスラー、「ケンドー・ナガサキ」に変身すると、これが大受け。剣道着を着て入場し、時には竹刀を振り回し、一気に全米で知られるトップヒールに登り詰めた。ナガサキに変身後は、AWA世界ヘビー級王座にも、何度も挑戦している。だが、その売れっ子ぶりが、日本で活かされることはなかった。

〝ドリームマシン〟1982年10月に全日本プロレスに登場した際の、ナガサキのリングネームだ。もともと所属していた団体だから〝凱旋帰国〟と言っていいはずだが、与えられたのはこの新たなリングネームと覆面。桜田一男でもケンドー・ナガサキでもない、正体不明の選手とされた。

理由は簡単だ。ナガサキのままリングに上げれば、その米マットでのファイトマネーを勘案しなければならない。もちろん、リング上の扱いにおいても。それを全日本側が避けたのだった。

そもそも、海外に出てから最初の帰国先は、国際プロレス（1978年11月）。しかも、全日本側から「出てくれ」と言われてのもの。よくわからず全日本代表として戦ったが、期間中、全日本関係者が訪れることはなかったという。2番目の帰国は1980年の10月。ようやく全日本プロレスへの帰省となったが、年末の風物詩『世界最強タッグ決定リーグ戦』にも出してもらえず。ナガサキが最も嫌う、何とも不自由な空気がそこにはあった。ドリームマシンとしての活躍も、わずか2シリーズでフィニッシュ。後年、自伝でも、こう語っている。

「不本意な仕事をさせられた俺は、もうここに戻ることはないだろうという思いを抱えてアメリカに戻った。向こうに行けば、まだまだケンドー・ナガサキは各地から引っ張りだこで、以降も各地を転戦していくことになる」「俺にとって、プロレスは仕事だ」「夢でもロマンでもない。俺にとっては、あくまで生きていくために必要な仕事だ」（『ケンドー・ナガサキ自伝』）。

海外で小道具の竹刀を折ったブルーザー・ブロディに対し、喧嘩腰でやりあったこともある。家庭も住居含め、海外にあった。

だが、1985年10月には、ナガサキはなぜかまた、日本に定着。新日本プロレスだったが、こちらに結局、約3年間在籍した。以降もSWS、NOW、大日本プロレスと、徐々に日本を主戦場にしていったのは、プロレスファンなら周知のことと思う。日本での認知も高まり、『喧嘩プロレス　ケンドー・ナガサキ』という、そのものズバリのタイトルの個人ビデオも、『週刊プロレス』から発売されたほどである。

思い当たることがあった。畠中浩旭というレスラーがいた。専門誌で〝和製リック・フレアー〟と書かれたほど、確かなレスリングをする逸材だった。要所要所で、メジャーからの誘いもあったというが、ナガサキの立ち上げた団体（NOW）に同舟した。酒席を共にした際、「どうして（他団体からの）誘いに乗らなかったんですか？」と訊いたことがある。畠中は答えた。「ナガサキさんの作ってくれた、親子丼の味が忘れられなくてね……」。転じて、新日本からの選手契約にナガサキが乗った理由は、以下のようなものだったという。

「坂口（征二）さんが、海外にまで来て言うんだよ。『今、日本人選手が少ないから助けてくれ』って。〝泣きながら頼む〟って言葉があるけど、見たら坂口さん、本当に泣いてるんだもん……」

〝喧嘩最強〟ナガサキは、マット界屈指の親切、言い換えれば、世話好きな人物だった。

海外に出たきっかけは、天龍源一郎の世話係としてのもの。角界からプロレス入りし、海外修業から始めた天龍は、一時期まで髷を残す必要があり、髷結いができるナガサキが同行したのだ。同じく、ラグビー出身で、海外に修行に来た阿修羅・原の面倒を見るようになると、前陣の国際プロレス参戦の際、社長の吉原功が「そういえば、原がお世話になったな」と10万円渡してくれた。件の地は何度目の転戦先のカルガリー。こちらではまだ少年だったブレッド・ハートのコーチもこなした。最初の修行先がフロリダだった武藤敬司も同様にアパートに住まわせ、「家事は分担制だった」(武藤)という。ところが内実は、武藤は料理が作れないため、ナガサキが作り、武藤は洗い物を担当。試合も、ナガサキの作ってくれた弁当を持って出かけていたという。遡れば、網走刑務所で模型作りを手伝うなど優しくしてくれた受刑者に、家から飴玉やチョコを持ち出してプレゼントしていたナガサキ。バレていたら、家業がどうなっていたかわからぬではないと思うが、規律より情が先に立つのだった。

この頃は、腕っぷしの強さも完全に知られていた。控室で試合前の現地の選手が囁いてくることがあった。「これ、預かっておいてくれ」。財布などの貴重品の類だった。ナガサキにキープしてもらえば安心というわけだ。強さだけでない、人間的な信頼が、そこにはあった。

だから、結局は、皆が頼った。メガネスーパーという大企業をバックにしたSWSでは、一番最初に同社の田中八郎社長から相談を受けた。編成部長も務めれば、外国人選手のブッキングもした。軽量級の選手のファイトの充実のため、メキシコの団体との提携の話をつけた。本音では日本に落ち着くつもりはなかったから、シリーズの合間には海外で試合を行っていたが、帰国すると、高額なギャラに釣られて新しい選手が入団済み。人の好いナガサキが烈火のごとく反対できるわけもなかった。

団体内の軋轢や折からのバブル崩壊もあり、1992年6月、SWSは旗揚げから2年持たずに分裂。選手は契約金の半額の返還を求められたが、ナガサキ自体は田中八郎社長に、こう言われた。「あなたに関しては、（契約金を）返してくれなくていいです」。それどころか、「何かに用立てて下さい」と3千万円渡された。もろもろの苦労をわかっていたのか。

今度こそ、日本とはオサラバだ。海外で自由に生きたいと思った。ところが、ＳＷＳの残党に頼まれた。「ナガサキさんを社長に、団体をやっていきたい」。頼まれると、断り切れない。新団体「ＮＯＷ」の社長を務めることになり、自分で事務所も道場も探し、もちろんブッキングも行った。だが、本来、大成功したとは言えないＳＷＳの勢力が、さらに分派したのである。しかも8月に行ったプレ旗揚げ戦の後、主力のジョージ高野&高野俊二（後に拳磁）が離脱。10月に本旗揚げをするも、新鋭の維新力がレジェンドの上田馬之助、並びにタイガー・ジェット・シンと抗争とする形に。シンの来日は上田の頼みで、やはり断れなかった。

田中社長からの３０００万円はすぐに底をつき、自分がシリーズの合間に海外で稼いだファイトマネーを充てる形になっていった。結局、ＮＯＷは浮上のきっかけを掴めず、翌１９９３年10月、崩壊。社長のナガサキは多額の借金を背負った。前出の自伝では、こう振り返っている。

「フリーとして国内外を転戦していれば、こんなことにはならなかった」。

にも関わらず、１９９５年3月16日、ナガサキの姿は再び、団体のエースとして、日本にあった。今に続く、大日本プロレスの旗揚げである。初戦のメインから有刺鉄線を使ったデスマッチを闘い、「打倒ヒクソン・グレイシー」を掲げ、ヴァーリ・トゥードにも挑戦。先に触れたビデオが出たのもこの頃だ。御年45を超えていたが、獅子奮迅の活躍だった。

旗揚げ戦のおこなわれた横浜文化体育館の控室に、見慣れぬ夫婦が来ていた。ナガサキはその2人と写真に納まった。夫妻は2年前、息子を事故で亡くしていた。彼はプロレスラーだった。


悲劇が起きたのは1993年の1月8日。前日にNOWの福井大会が終了し、リングを積んだ4トントラックが帰京中、福井県敦賀市葉原の北陸自動車道上り線、右側の斜面に午前10時55分ごろ衝突、横転した。運転していた選手は車内から投げ出され、救急搬送された。

直井敏光。SWSで入門し、NOWの旗揚げとともに正式デビュー。アメリカンフットボールの素地を活かした高いリープフロッグ（飛び越え）に天性のセンスを感じさせる新鋭だった。もともと、船乗りかレスラーになりたいという希望を持っており、パワーリフティング全日本学生王者にもなった傍ら、英語も習得。当時としては珍しく、ワープロもこなせたため、海外との契約のやりとりを中心としたフロント業務でも活躍していた。

本来なら車は、営業の人間が運転するはずだった。だが、次の営業先が福井からほど近かったため、帰京する選手が運転を担当したのだ。ナガサキが指名したのが直井だった。前段の信頼の厚さからだった。

車には現在も現役を続ける川畑輝鎮（当時：輝）も同乗。事故直後、自身も重傷を負いつつ、直井を助け起こそうとしたが、うっすら目を開けて応えるだけだった。12時40分、搬送先の病院で頭蓋骨骨折で逝去。享年26。ナガサキは後年言う。「俺が運転を頼まなければ……」。

保険金の全額譲渡はもちろん、毎年の命日の墓参りは当然のこと。自らが借金してでも亡き直井への便宜をはかった。大日本プロレスを外れた後は、自主興行も開催し、取り計らった。そんな日々の10年目、直井の両親から言われた。

「もう充分です。ナガサキさん、本当にありがとう……」

筆者が取材後、車に乗せてもらった時のことだ。ナガサキがポツリと言った言葉が忘れられない。

「俺自身は、自分を強くもなんともないと思ってるんだけどね……」

晩年は、プロレスの傍ら、その人脈から、天龍源一郎の寿司屋やキラー・カーンのちゃんこ屋に食材を卸す繋ぎもしていたナガサキは、２０２０年1月12日、永眠。

その2年前、武藤敬司のもとに、ナガサキから久々に連絡があった。内容は、膝への人工関節の施術を終えた武藤を心配し、自らも人工関節を入れたことでのアドバイスだったという。

DEBUT
04

1976.11.13

テキサス州ヘレフォード タウン・ホール
△ゲンイチロウ・シマダ（15分時間切れ・引き分け）テッド・デビアス△

天龍源一郎

「いったんこうと決めたことだから
なんたってやり通す」

天龍源一郎

Genichiro Tenryu

1950年2月2日生まれ。福井県勝山市出身。幼少時から相撲界に憧れ、1963年二所ノ関部屋に入門。天龍の四股名で1973年1月場所から16場所在位し、西前頭筆頭まで上り詰めるが、部屋の後継問題に巻き込まれ、1976年9月場所で廃業。その翌月に全日本プロレスに入門し、プロレスラーへの電撃的転身をはたす。直後にアメリカへ飛んでファンク道場で修業し、11月13日には髷をつけたままの状態で、テッド・デビアスとのデビュー戦を敢行。帰国してからは全日本のリングで、「鶴龍コンビ」「天龍同盟」などで注目を集め、1990年に新団体SWSに移籍、1992にSWSが解散すると即座にWARを立ち上げ、新日本プロレスのリングでも活躍。フリーになってからは全日本、NOAH、DRAGON GATEのマットでも激闘を繰り広げ、2015年11月15日　両国国技館でのオカダ・カズチカとのシングルマッチを最後に引退。

目が覚めると、病院のベッドの上だった。忘れもしない、1994年1月5日の未明である。前日、東京ドームでプロレスを観ていた。終了後、筆者はそこから痛飲し……どうやら、運ばれたようなのだった。そういえば仲間たちが、「大丈夫かー！」だの、「起きろー！」だの、言っていた記憶がなくもないような……。生まれてから唯一の経験ながら、なんにせよ、命あっての物種。周囲に感謝しつつ、しかし、改めて病室から窓の外を観た時の驚きは、未だ消し去り難いものだった。

(!?)

目の前に両国国技館があったのである。記憶が混濁した。昨日は1月4日だから、新日本プロレスの東京ドーム大会があったはずである。なのに、自分はなぜ、両国国技館の直近にいるのか。ひょっとして、もう現世ではないのでは……？

タネ明かしをすると、前夜はまだ年始の1月4日なので、救急指定病院しか開いていなかったのである。つまり、東京ドームから最も近いそれが、両国国技館の隣にあるT病院だったのだ。

前日のメインは、アントニオ猪木vs天龍源一郎。超満員札止めの、6万2千人の大観衆が見守る中、天龍がパワーボムから3カウントで勝利していた。これで天龍は、ジャイアント馬場とアントニオ猪木の両雄からフォール勝ちした、初めての、そして今からすれば唯一の日本人レスラーとなったのである。本書の主旨に沿えば、プロレスラーとしてアメリカでデビュー戦を行ってから、18年目の快挙だった。ちょっとした秘話を明かせば、デビュー戦を報じる『東京スポーツ』では、リングネームが本名の嶋田源一郎になっている（表記は「ゲンイチロウ・シマダ」）。

そんな快挙から7年後の2001年、天龍の故郷である福井県の新聞に、以下の記事が踊った。

「おろしそば3杯を食べる早食い競争も催され、12人が参加した。最年長の勝山市北郷町上森川、農業嶋田源吾さん（72）は（中略）『優勝できると思ったけど、3杯目でペースが落ちてしまった』と話していた」（『朝日新聞』大阪地方版・福井面／2001年11月18日付）

猪木vs天龍の夜、筆者や他の関係者や知り合いとともに酒席を囲んだ方こそ、この嶋田源吾氏。天龍源一郎の父親であった。

さすがは天龍選手の父親。当時は65歳だったと思うのだが、180cm近い巨漢。その時が初対面だったが、筆者の対面に座られ、酒杯を重ねた。されば、前段のそばの早食いチャレンジさながら、意気軒高そのもの。「俺の酒が飲めねえっていうのか！　さぁ、飲め飲め（笑）！」と煽られると、筆者も負けじといった感じで、果ては日本酒を一気飲み等々……。そのうち意識がなくなったというのが、ことの真相である（後から聞くと、源吾さん、「俺の酒で潰れるとは！」と、おかんむりだったらしい……）。

その後も何度かご一緒させて頂いた、ある時のことだ。源吾さんが、極めてぶ厚い黒いファイルを差し出し、言った。

「そんなにプロレスが好きなら、これ、あげるよ。ぜひ、もらってくれ」

「……？」

「役に立ててくれよ」

中身は、綺麗に時系列に整頓された、新聞記事のファイルだった。1ページ目の記事の見出しは、以下のものであった。

「郷土の力士　天竜入幕か」「〝まず間違いない〟と後援会」（『中日新聞』福井版／1971年12月14日付）

プロレスラーになる前は大相撲力士だった愛息、天龍の活躍を、源吾さんが、順に記録したファイルだった。

天龍の大相撲入りのきっかけが、源吾さんだったのは有名な話だ。床屋に行ったところ、店主と別の男性の会話が、耳に入って来た。「この辺りに、体の大きな子はいませんか？　相撲取りになれるような……」「あっ、ウチの息子は大きいよ」。思わず口に出していた。男性は、その言いようでわかるように、相撲部屋のスカウトだった。当時の天龍は中学2年生ながら、身長182cmで体重は82kg。おまけに小学生時より、村相撲で何度も優勝。勝利する度に貰える景品のノートは、100冊以上溜まっていた。

何せ、こちらも巨漢の源吾さん自身が、若い時は草相撲で慣らした口で、実際、大相撲入りの話もあったという。とはいえ、現実には専売公社（現JT）勤務と農家を兼業。その手伝い含め、長男・天龍は厳しく育てられたが、テレビの大相撲中継の時は安心できたというから、縁もあったのか。なぜなら、源吾さんも熱心に視聴。その間は、普段の厳めしさも消えるためだった。

天龍はスカウトの誘いに応じ、中学2年生の夏休みを利用して、大相撲・二所ノ関部屋に体験入門。振り返れば、あの力道山も在籍した名門である。しかし、その年齢時の正直な気持ちに照らせば、「夏休みは農業の手伝いをやらされる。いくら相撲部屋が厳しいと言っても、ウチのオヤジほどじゃないだろう」という天龍なりの算段があったという。もちろん、相撲が好きなこともあったし、何より父の持って来た話だった。

ところが、約半月の体験入門を終え、実家に帰ると、父からの意外な返答が待っていた。

「お前を、相撲には出さないからな」

源吾さんにも大相撲入りの話があったのは先述の通り。だが、断らざるを得ない事情があった。源吾さんは一人っ子であり、嶋田家として、農地を受け継がざるをえなかったのだ。天龍には妹と弟がいたが、弟の名は裕彦。いざ角界入りが現実めいて来ると、やはり源の字を冠した長男に、後を継がせたい気持ちは強かったに違いない。

結局、スカウトの熱意と、天龍自身の意思で、1963年12月28日、親元を離れ、二所ノ関部屋に入門することに。上京のための夜行列車は、家族総出で見送りに来た。父が声をかけた。「頑張って来いよ……」「!!」。初めて聞く、湿った声だった。父は泣いていたのだ。その涙を見るのも、初めてだった。

上野までの夜行列車の道中、天龍もずっと泣いていた。「上京の不安ももちろんあったが、それよりやっぱり、親父の涙だ」「何か凄く悪いことをしてしまったような罪悪感にさいなまれながら、上野に向かった」(『天龍源一郎自伝　レボリューション』より)。

後年、天龍がインタビューで、語っていたことがある。「福井の実家に帰る時は、毎回、違う車に乗ってたんだよね」。理由は、車好きな源吾さんが喜ぶためだった。力士時代に買った高級腕時計「ラドー」を、時を経て、譲ったこともある。『いいのか？　いいのか？』って何度も確認するほど喜んでくれてね」(『週刊文春』2018年4月19日号)。

子供時分、厳かだった父を喜ばせたいという気持ち。それは天龍の原動力のひとつとなった

ファイルをめくる。

「天龍、念願の初入幕」(『福井新聞』1972年12月26日付)、「天龍　東10枚目に躍進」(『福井新聞』1973年2月27日付)、「天龍後援会百人を突破」『福井新聞』1973年9月30日付)、

「天龍、西前頭筆頭に」（『福井新聞』1973年12月25日付）……etc。

ページが進むごとに上がって行く天龍の番付、評価、そして人気。見目好く切り取られた紙片に、必要とあらば自筆で記入された新聞名に日付。源吾さんの喜びが、隠しようもないファイルだった。あるページに至るまでは。

「二所ノ関部屋　分裂騒ぎ」（『読売新聞』1975年9月5日付）

当時の8代目二所ノ関親方が亡くなったことから、跡目争いが勃発し、部屋は分裂。元大関・大麒麟が部屋を出て、押尾川部屋を立ち上げることになったが、大麒麟に私淑していた天龍がそちらについて行くと、相撲協会がこれを問題視。天龍は二所ノ関部屋に戻されてしまった。

先日までは、文字通り同じ釜の飯を食っていた仲間たちの白い目。そして、重い空気。やる気が出るわけがない。そこに来て、関係者に勧められ、プロレスを観に行くと、すっかりハマってしまった。ジャンボ鶴田を太鼓を叩いて応援する、後輩の中央大学の応援団たち。人気者、テリー・ファンクを応援する女性ファンの面々。メインはそのテリーvs鶴田のNWA世界ヘビー級選手権だったが（1976年6月11日／蔵前国技館）、普段本場所で上がっている同じ蔵前国技館とは思えぬほど、伸びやかな空気。天龍はこれが初めてのプロレス生観戦。テリーが颯爽と花道を入場する頃には、（プロレス、やってみようかな……）という気持ちになっていた。相撲にはない自由さと、華やかさに魅入られたのだった。

そうと決まれば話は早い。ジャイアント馬場と直接会い、応諾を得ると、9月の秋場所を勝ち越して終了（廃業）し、10月15日に全日本プロレスへの入団会見を敢行。10月30日には渡米し、テキサス州アマリロにあるザ・ファンクス（ドリー・ファンクJr&テリー・ファンク）の道場で修行。こちらの模様は、日本から飛び立つ時を含め、現地のテキサスでの練習はおろか、トランジットのハワイでの模様まで、専門紙誌が追いかけ、写真で紹介した。『月刊プロレス』では「天竜のアメリカ特訓日記」なる本人による執筆ものも開始。相撲で前頭筆頭まで行った実績。そして、大横綱になぞらえ、〝甘いマスクの大鵬2世〟とまで言われた期待値。プロレス業界にとっても、天龍は久々に現れてくれた大型新人だったのだ。

その期待の表れか、なんと練習開始から僅か2週間で、天龍はデビュー戦をはたした。前陣のように現地アメリカで行われ、テッド・デビアスと15分時間切れ引き分け。内容はタックル、アームドラッグ、ヘッドシザースなど、基本技を披露したにとどまり、試合後も「（自分が）何をしたか、さっぱりわからない。無我夢中でした」と、デビュー戦には珍しくないコメントを残したが、さりとて、その中で気骨も見せている。「スタミナ？　そんなに心配ないです。苦しいなんて、全然思わなかった」。土俵上は常に短期勝負。その懸念が外野にあるだろうことを先回りしたような感があった。もともとアンコ型ではなかったが、既にこの時、立派なレスラー体型になっていた。入場時には馬場から譲られ、ジャンボ鶴田もアマリロでの修行時代に袖を通したという、波濤が印象的な白いガウンを着用。コスチュームは、青のショートタイツ。新たな出発を予感させる出で立ちの中で、だが、著しく違和感を抱かせるものもあった。

天龍の後頭部に、まだ、大相撲時代の髷が、整然と残っていたのだ。

「天龍関　プロレス転向か」「後援会など猛反対」（『福井新聞』1976年9月29日付）

読んで字のごとしだった。ファンなら周知だろうが、何事にも礼を尽くす天龍。秋場所が始まる前、後援会による激励会が催されると、その席上で告げた。「この場所が終わったら、辞めようと思ってるんです」「何言ってるんだ⁉　こんな激励会の席で！」。激怒された。秋場所を勝ち越しで終えると、福井から後援会の理事長を始めとする面々が上京。天龍の慰留へ説得にあたった。「福井で（当時）たった1人の関取じゃないか」「郷土のことを、考えたことがあるのか」……。中でも、強硬な怒声があった。

「プロレスに行くというなら、ジャイアント馬場と刺し違えてやる！」

源吾さんだった。天龍によれば、秋場所の始まる前から、個人で何度も上京し、説得にあたったという。前出の紙面でも「父親ら説得に上京」「相撲続けて欲しい」の見出しとともに、こんな気持ちが掲載されている。

「私としては相撲界に残るよう、話し合っていきたい」

顛末は見て来た通り。だが、父は天龍に条件を出した。「妹の結婚式には、相撲取りの天龍として、出席してくれ」……。11月23日が、天龍の妹の結婚式だった。天龍はそれまで、髷を切ることは許されなかったのだ（12月9日にリング上で断髪式が行われた）。本名でのデビューも、ひとまずは角界を刺激しないための措置だったように思えた。後援会はこの時期には、とっくに解散していた。

周りの多くに望まれなかったプロレス入り。だがしかし、天龍は、先の「天竜のアメリカ特訓日記」でプロレス・デビューを振り返り、こう述べている。

「いったんこうと決めたことだから、なんたってやり通す」

その後も天龍を支える、反骨心の表象だった。

1977年6月11日、帰国第1戦を終えた天龍は、同年の12月7日、福井市体育館で試合を行った。プロレスラーになってから初めての同会場での興行だったが、静かに大会は進んだ。天龍はロッキー羽田と組んでのタッグマッチでゴング。瞬間、大声が飛んだ。

「オラー！　源一郎、行けーっ！　頑張れーっ！」

リングサイド一列目に陣取った、源吾さんの声だった。

源吾さんから頂いたファイルの記事は、「天龍　プロレス入り決定」のあと、「天龍が里帰り」「サイン会など多忙」などなどの見出しの記事が続いている。冒頭の東京ドーム大会を、２階席で観ていた源吾さんと、初めて挨拶をかわした時の呟きが忘れられない。

「（大観衆を見渡し）このうちの何人かは、ウチの息子の試合を観に来てくれてるんだね……」

源吾さんは、２０１３年９月24日、老衰で永眠。享年84。天龍が遺品を整理していると、以前渡した、ラドーの時計が出て来た。綺麗な状態で、大切にとってあったという。

「今では俺が使ってます。親父から、改めてプレゼントされた気持ちでね」（天龍）

ファイルにあった最後の紙面は、プロレスラー天龍の記事。タイトルは、「ふるさとのスタートだち」だった。

DEBUT
05

1981.8.21

浦和競馬場正門前駐車場
○越中詩郎（片エビ固め・5分6秒）三沢光晴●

三沢光晴

「いちばん嬉しいことは、やっぱり少しでも
自分のファンができたということですね」

三沢光晴
Mitsuharu Misawa

1962年6月18日生まれ。北海道夕張市出身。中学生の頃からプロレスラーを志し、高校のレスリング部で実績を残してから、1981年の卒業直後に全日本プロレスに入門、同年8月21日の浦和競馬場正門前駐車場における越中詩郎戦でデビューした。1984年、メキシコ遠征中にジャイアント馬場から指令が下り、8月26日、二代目タイガーマスクとして全日本のリングに上がる。1990年に素顔の三沢に戻り、「超世代軍」「四天王プロレス」の中心人物として活躍。馬場死去後に全日本プロレス社長に就任するも、周囲との軋轢により解任、2000年に独立し、「プロレスリング・ノア」を旗揚げする。社長兼現役レスラーとしてリングに上がり続けるが、2009年6月13日、広島での試合中に急角度バックドロップを受けた直後、心肺停止状態に陥り、その晩死去した。

エメラルド・グリーンの表生地に、シルバーの裏生地。それは、間違いなく、三沢光晴のガウンだ。ところが、それを身にまとっているのは、どう見ても初老の老人だった。加えて言えば、見知らぬ人物だ。時は2010年以降。三沢は前年の2009年6月13日、試合中の事故により、鬼籍に入っていた。

その激闘を物語る逸話を挙げていけば、キリがない。スポーツニュース枠で取り上げられた小橋健太戦は、そのあまりの激しさに、直前にアシスタントとプロレスごっこをして楽しんでいたキャスター、中畑清の表情が一変。生出演した三沢に放送後、非礼を詫びた（1997年1月20日）。解説席のジャイアント馬場に涙を流させた小橋戦も語り草に（1998年10月31日）。先に触れたリングでの逝去時には、世界的な柔術家がコメントを残した。「そういうリスクとは常に背中合わせ。彼は自分の汗、血、人生のすべてを、プロレスに注いだのだと思う」。ヒクソン・グレイシーだった（2009年6月29日）。ジャンルは違えど敬仰の念が、そこにはあった。

1981年3月、18歳で全日本プロレスに入門。新弟子時代のコメントが残っている。「いちばん辛いのはやっぱり練習ですね」（『ゴング』1981年10月号）。とはいえ、この後、こう続く。「（練習は）きついですけど、逆に終わった後の気分は最高ですね」

どこか自信を感じさせる三沢。前年10月、国体におけるアマレス・フリースタイル87kg級で金メダルを獲ったこともあり、周囲からの期待値もかなり高めだった。合宿所仲間の冬木弘道と近所の店に行くと、番をしていたおばちゃんにじっと見つめられ、言われたことがある。「あんた、売れるね」。冬木が、「おばちゃん、俺は？」と聞くと、彼女は答えた。「あんたはダメだ」。

まだデビュー前なのに、三沢は1981年8月20日開幕のシリーズ・パンフレットに名前と写真が掲載され、「期待の成長株」とのキャプションまで付記された。実際、予定されていたのだろう、その翌日の8月21日に、プロ・デビュー。会場は都内からなら取材も容易な埼玉県の浦和だ。ところがである。この三沢のデビュー戦を取材した記者は、わずか1人しかいなかったである。言っても、同年の4月23日に、初代タイガーマスクがデビューし、世の中が〝プロレス・ブーム〟に突入し始めた時期なのに、である。

その三沢の初陣生観戦の生き証人として、ある意味伝説化している某スポーツ紙のK記者は語る。「ルチャ・リブレっぽい動きを見せていたような……正直、よく覚えてないんだけど」。無理もなかろう、三沢は先輩・越中詩郎に、わずか5分6秒で敗れた。もちろん、第1試合だ。19時半頃、会場に着いたベテラン編集者は、馬場元子に言われた。「残念ね。もう少し早く来れば、三沢クンのデビューが観れたのに……」。こちらは、『全日本プロレス中継』の解説を務め、言わば同団体にとっても要人である竹内宏介氏（『ゴング』編集人）であった。

実はこの日、同じく埼玉県下の大宮スケートセンターで、新日本プロレスの大会が組まれていたのだった。メインは猪木、藤波vsスタン・ハンセン、ピート・ロバーツ。全日本の方も、ジャンボ鶴田、ミル・マスカラス、ドス・カラスvsアニバル、ジノ・ヘルナンデス、ジプシー・ジョーと、これはこれで良いカードなのだが、新日本のほうはシリーズの開幕戦（「ブラディ・ファイト・シリーズ」）。しかも、金曜日で、当時、毎週夜8時に放映されていたテレビ朝日『ワールドプロレスリング』で生中継される注目大会。ほぼすべてのマスコミが、こちらの取材に回ってしまったのだった（新日本の会場を抜け出し、途中で全日本の会場に着いた竹内宏介も含めて）。

これに関しては三沢のせいではないし、本人もデビュー戦については、「ぶっちゃけ、内容はよく覚えてない（笑）」と述懐している。亡くなって10年以上経っても、悪評のひとつも出て来ない好漢。だが、それゆえに、三沢という人間には、本人が意図しないところで変事が降りかかる印象があった。

例えば、知られたこんなエピソードがある。旅館の大部屋での会食で、ターザン後藤が先輩を不機嫌にして、「バツとしてドンブリ飯、10杯食え」と命令された。ところがその選手は、隣の無関係な三沢にも言った。「お前も食え」。三沢は泣きながらドンブリ飯をかっこんだ。後藤が三沢の涙を見たのは、「それが最初で最後」。理不尽への悔しさからだった。先にも挙げた新弟子期のインタビューでは、こう語っていた。「マスクをかぶれと言われたら？　そうですね、あまり自分ではかぶりたくないですけど、かぶれと言われればかぶります」。

1984年8月23日、三沢は「2代目タイガーマスク」としてデビューした。

もちろん会社命令。とはいえ、三沢はそれに十二分に応えた。初代よりも一まわり大きな体を利した空中殺法は、劇画『タイガーマスク』の原作者・梶原一騎をして、「初代が戦闘機なら、2代目は爆撃機」と言わしめた。初代の中身を務め、滅多に他人を褒めない佐山サトルも、梶原に漏らした。「彼はいいっすよ。本物じゃないですか」。翌1985年には、小林邦昭との抗争が話題に。あまり知られてないが、うち一戦は、アメリカの老舗ミニコミ誌『レスリング・オブザーバー』が選ぶ同年のベストバウトに選出されている（6月21日・日本武道館大会）。この試合には敗れたものの、リベンジ戦では、今でも滅多に観ない、リングの対角線を自らが回転しての美しい2連発のジャーマンに、最後は片羽絞めからのジャーマン・スープレックス（タイガー・スープレックス'85）。テクニカルかつ、覚醒的な攻防が、日本のリング事情には疎いアメリカっ子も酔わせたのも想像に難くない。この年には、プロレス大賞の敢闘賞を受賞。1986年よりのヘビー級転向後は、その鋭い蹴りを活かし、徐々にトップ戦線に。豪快な受けっぷりも持ち味だった阿修羅・原の胸には、よくタイガーのシューズの紐の痕がそのままついていた。火の出るような熱いファイトが信条だった原は、それゆえ、常に体はボロボロ。「2代目タイガーがこっちに入ってくれたら、俺も安心して引退できるな、と思っていた」と後年、明かしている。

そんな激闘の最中の1988年4月2日、2代目タイガーは、リング上で意外な人物と出会う。佐山サトル。この日、梶原一騎の追悼興行が両国国技館で大々的に行われ、佐山が標榜していたシューティングを披露した後、衆目の中の対面となったのだ。「僕よりも全然体が大きくてね、僕よりも全然、強そうです」と、2代目に優しく声をかける佐山の言葉を受け、司会の若林健治アナウンサーがそちらにマイクを向ける。「やっぱり、タイガーマスクとして、お互い、意識することはあったんでしょうか？」「えぇ⁉　いやぁ……」。困惑を含んだ第一声の日本語に、瞬間、会場は、ドッと受けた。公的にはこの時、2代目タイガーマスクは、正体不明とされていたのだ。客席から、声が飛んだ。

「三沢ーッ（笑）！」

1984年7月31日、デビュー前のお披露目時から、ファンに正体が見抜かれていた。デビュー戦の1ヵ月前に、蔵前国技館で一瞬、リングに上がって去って行くという、全日本プロレスにしては味な演出をしたのだが、既にこの1分に満たない登場時で、「三沢ーッ！」の掛け声が。迎えたデビュー戦では、さらに冷笑的にも思える〝三沢コール〟が。無理もない。三沢は7月までメキシコで海外修業に勤しんでいたが、日本を立ったのはわずか5ヵ月前。ファンの記憶に新しく、目元を見れば正体は一目瞭然だった。

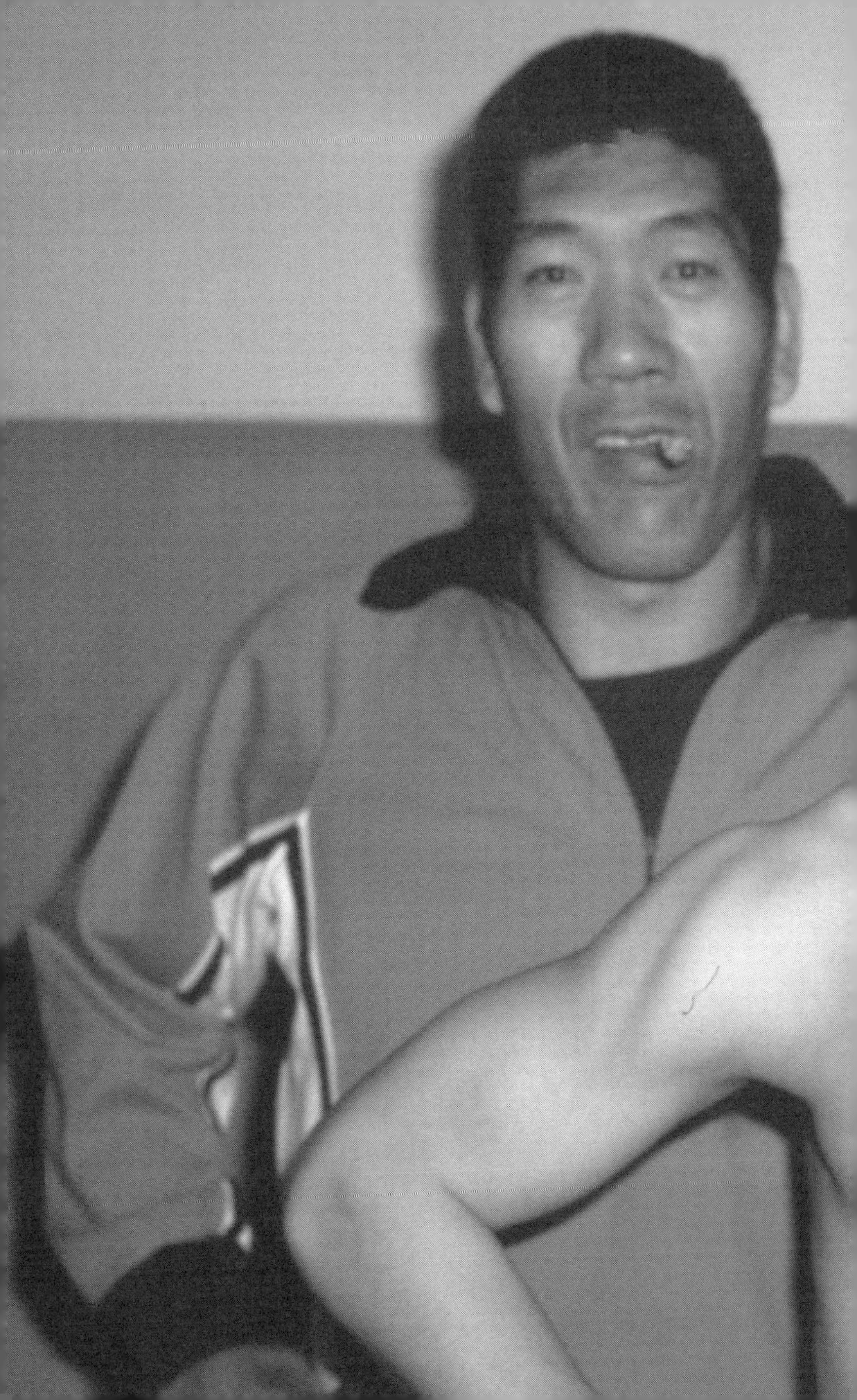

にもかかわらず、タイガーの正体は不明とされ、全日本プロレスでは厳戒体制を敷いていた。環境もそれに合わさる。ホテルの自室に1人になる時以外は、タイガーの覆面姿での行動を余儀なくされた。普通に考えればリング以外は隠遁すればより謎めくと思うのだが、人気商売ゆえの措置か。街を行けば奇異の視線に囲まれ、「食事も、ラーメンとか庶民的なものが食べれない。タイガーマスクのイメージがあるから」（三沢）。ファンにサインを求められても嬉しくない。なぜなら三沢ではなく、あくまでタイガーマスクのそれだからだ。当時の地元の埼玉県越谷市の本屋で、素顔でプロレス雑誌を読んでいると、ファンがサインを求めて来た。素顔の三沢がわかるわけだから相応のマニアと思われるが、三沢はあっさりとサインした。「タイガーマスク」。本人が言う。

「だって、俺には三沢のサイン自体がなかったから」

デビューして数年すると、トークショーの類も解禁されたが、あくまでタイガーマスクとして話さねばならない。「楽しくはなかった」この時期を振り返る時、三沢は判で押したように、そう語る。だが、良かったこともあった。「タイガーをやったおかげで、人間を見る目はできました」。どういうことだろう？

「付き合いで食事に誘われるとするでしょう？　自分のことが大事な人間は『マスクをかぶってきてくれ』って言う。要するに、周囲に自慢したいわけ。俺は友人だと思っていても、向こうは思っていない。だから、酒の席でも『マスク、かぶってくれ』って言われたら、次からは俺は、絶対に付き合いません！」

１９９０年５月14日、三沢は試合中、虎のマスクを自ら脱いだ。直前に全日本プロレスから天龍源一郎が脱退。団体が危難を迎えての、代わりのトップ獲りへの意思表示だった。直後に起こったコールは、それまでとはまるで違う熱を帯びていた。

「三沢！　三沢！　三沢！……」

冒頭にある、まだデビュー前の三沢は、こんな風にも語っている。

「いちばん嬉しいことは、やっぱり少しでも自分のファンができたということですね。会場なんかで『がんばってください』とか励まされる時がいちばん嬉しいです」（前出『ゴング』）

以降の〝素顔〟の三沢の闘いは、凄絶を究めた。場外でコンクリートの床直撃のパワーボムをテリー・ゴディから受けたこともあれば（１９９１年２月26日）、鶴田のエルボーで鼻骨を亀裂骨折（同年10月14日）。翌日の日中は、大好きなお笑いコンビ、ウッチャンナンチャンが後楽園ホールまで試合前の全日本プロレスを取材に来る予定だったが、三沢はさすがに不在。ところが夜になると、鼻にテーピングだけした状態で会場に現れた。「休むわけに行かない」（三沢）。ただ、試合をするためだった。翌年７月21日には６人タッグ中の10分過ぎ、ダイビング・エルボーをそのまま田上明にマットに叩きつけられ、健鎖関節脱臼、及び靭帯損傷。結局、既に試合を終えていた川田利明が三沢の代わりに緊急出場したが、なんとその間、三沢は患部をテーピングでグルグル巻きにし、リングで戦闘。19分過ぎまで戦い続けるが、レフェリーの判断により、一旦はゴング。いたずらに川田を代役で試合を続けさせることなく、この試合はこの試合で三沢の負けとなり、しかも、レフェリーストップでなく、珍しい「試合放棄」という敗退結果を受け入れたのが、今考えると、何とも三沢らしかった。

1999年1月のジャイアント馬場逝去後、全日本プロレスの社長に就任すると、その責任感は、もはや可視化できるほど大きくなっていった。5大シングルマッチを売りにした日本武道館大会で川田の欠場が決まると、自らが代打に。高山善廣、ベイダーと、通常でも難敵な2人と連戦し、ベイダーには3カウントを聞いた（1999年9月4日）。

だから、自らの団体、NOAH旗揚げともなれば、その責務に輪がかかったのは、当然のことであった。そして、それはファンに対しても。

「さっきからさぁ……」NOAH旗揚げ後のトークショーで三沢は言った。「前に座ってる女の子のパンツが見えて、気になってしょうがない（笑）」。隣に座っていた、彼氏と思しき男性が当意即妙に返した。「三沢さん、サービスです（笑）」。三沢も負けじと返した。「サービスなら、もっと開いてくれないと（笑）」。

〝自由と信念〟を旗印に2000年8月5日・6日、ディファ有明で旗揚げしたNOAH。チケットは瞬殺で完売し、入りきれぬファンが続出。やむなく、ファン・サービスとして、会場前の駐車場にビジョンを設置し、場内の様子を生中継することになった。大挙して押し寄せて来るであろう客について、営業が案を出した。「1人500円で対応しようと思ってます」。「なんだ、それは！」と社長・三沢は声を荒げた。「金を取るなら、そんなのサービスでも何でもない！」（結局、ビジョン視聴は無料に）。

大きな心の持ち主だった。三沢光晴の物真似もするタレント、イジリー岡田が、三沢と同じ仕様のコスチュームを作ろうと、店を三沢から聞き出し、注文に行った際、店員から「お代は、既に三沢さんから頂いてます」と言われたのは有名な話だ。その岡田は、実は物真似をテレビで初披露した翌日、三沢から電話を受けている。「ガハハ、面白いから許す（笑）。どんどんやってよ」。岡田のプロレス好きはスーツ職人だった父の影響によるもので、帰省した際、（そうだ）と思いつき、三沢のコスチュームを持参し、父に着せて、写真を撮ってあげた。「それ以来、ずっと父の携帯の待ち受けが、そのガウン姿の本人の写真なんです。うちの親父、仕事はずっと、他人のスーツを仕立てる、お堅い職人だったのに（苦笑）」と、岡田は語る。

「三沢さんのお陰で、思わぬ親孝行ができたんですよね……」

三沢が逝去した際、岡田は3日前より、自分が座長を務めるお笑い公演の最中だった。（こんな時にお笑いなんて、不謹慎だ）との思いも頭をかすめたが、翌日の楽日までやり遂げた。「あの時、『面白いから許す』と言ってくれた。楽しいことが大好きな三沢さんだったら、きっと許してくれるだろうって……」。ロビーに出て、涙が出そうになった。そこには、座長公演を祝い、三沢が送ってくれた花が飾られていた。

2009年6月8日、遠征に出る直前のことだ。三沢は、腹心の仲田龍リングアナに言った。「この曲、気に入ったから、CD買っておいて。帰ったら聴くからさ」

しかし、三沢は帰って来なかった。翌年、メモリアル興行が催され、入場曲「スパルタンX」が流されると、場内からは盛大な三沢コールが。そして、客出しの際、そのCDもかけられた。「だって心はもうわかってる。自分らしくってこと、素直に生きること。ただそれだけで良いはずなのに、それが一番難しい生き方」「僕のヒーローは、どんなに辛く苦しい時も、自分に嘘はつかなかったんだよ」（福山雅治『明日の☆SHOW』）

2022年4月30日、NHK－FMにて、プロレス、格闘技の入場曲をテーマにした約9時間の特番が組まれた。番組中、ファンに呼びかけ、曲の人気投票も行った。「炎のファイター」「スカイハイ」などの名曲を抑え、1位になったのは、「スパルタンX」だった。

DEBUT
06

1982.4.21

蔵前国技館

△初代タイガーマスク（両者リングアウト・14分17秒）初代ブラックタイガー△

初代ブラック タイガー

「今日は何も話すことはない。
勘弁して下さい……」
（初代ダイガーマスク）

ブラック・タイガー（初代）
Black Tiger

1951年5月11日生まれ。イギリス・マンチェスター出身。本名：マーク・ロコ。ドロップキックの名手として知られたジム・ハッシーを父にもち、1970年英国マット界にてデビュー。ヒールとして活躍し、1979年には「"ローラーボール"マーク・ロッコ」として国際プロレスに初来日。イギリス武者修行中だった佐山聡と抗争を展開したあと、佐山が初代タイガーマスクとして凱旋帰国すると、同じくマスクマンの「ブラックタイガー」として1982年4月21日新日本プロレスのリングに登場、WWFジュニアヘビー級王座をめぐって激しい戦いを繰り広げた。その後は素顔に戻って新日本に参戦していたが、1989年には再びブラック・タイガーに変身し、獣神サンダー・ライガーのIWGPジュニアヘビー級王座に挑戦した。2020年7月30日、69歳で死去。

深夜0時を回った。新日本プロレス道場に、1人の男が入って来た。初代タイガーマスク（以下、タイガー）だ。1982年5月のことである。

この日に限らず、タイガーの練習時間は、主に夜半を過ぎていた。時は新日本プロレスの大ブーム真っ只中。サイン会や取材に応対するタイガー自身の多忙もあった。さらに、日中では、選手たちの練習を観に来るファンで人いきれ。素顔でいれば追われることもないが、一方でタイガー目当ての少年、少女ファンも多数詰めかけている。そういった場に身を置くこと自体、一種の心苦しさを感じるのだった。

深夜のトレーニングに付き合うのは、大抵が4年後輩の新倉史祐と決まっていた。運転免許を持っていたので、深夜でもタイガーを自宅に送り届けることができたのだ。出だしの基礎練習を終えると、タイガーは新倉に言った。

「じゃあ、今日もやろうか」

この時期、タイガーのやる練習は、ひとつに決まっていた。

2人で道場にあるリング上に大量のマットを運び込む。そして、幾重にも積み上げられたその上に、新倉が横たわる。すると、タイガーはコーナーポストを駆け上がった。

タイガーは、新必殺技を作ろうとしていたのだ。

理由は、この前月となる、1982年4月21日にあった。この日、タイガーは自らが保持する

WWF認定ジュニア・ヘビー級選手権の6度目の防衛戦に挑み、両者リングアウト。引き分けだから、王座は無事堅守したことになる。なのに、タイガーは試合後、控室でこう語った。

「今日は何も話すことはない。勘弁して下さい……」

翌日、試合を報じる『東京スポーツ』が発売された。

「T(タイガー)・マスク苦戦の両者KO」「どう見ても〝判定負け〟」「超ラフ殺法に圧倒される」(同年4月23日付同紙面より)。そんな文字が躍る中、こんな見出しがデカデカと打たれていた。

「評判通り〝凄い奴〟ブラックタイガー」

これこそ〝暗闇の虎〟、初代ブラックタイガーの初陣であった。

ダイナマイト・キッド、小林邦昭と並ぶ、タイガーの3大ライバルと言えば、初代ブラックタイガー(以下、ブラック)。確かに鳴り物入りの日本デビューだった。この9日前には、それこそ『東京スポーツ』が大特集(同紙4月14日付)。「危うしタイガー・マスク! 史上最強の刺客出現」の見出しに、「キッド、(スティーブ・)ライトを苦しめた実力」なる本文。キッドは言うに及ばず、スティーブ・ライトもタイガーの好敵手だったため、いやがおうにも期待は増幅。そして、フタを開けてみれば、それは現実化されたのである。ただし、タイガーにとっては最悪の形で。

まず試合中、衝撃的な場面が2回あった。ブラックのツームストン・パイルドライバーが炸裂。すると、タイガーは仰向けとなり動けない。やむなくレフェリーがカウントを入れる。3カウント寸前で肩を上げるタイガー。誰も覆いかぶさっていないのに、である。当世でもまず見ない、さながら〝エア体固め〟であり、ブラックのブレーンバスターでも同様のシーンがあった。自力で立ち上がれないほどバテていたのである。結果が両者リングアウトだったのは前述の通りだが、実はこれはタイガーにとって初の引き分け防衛。それも二度、リングに戻ろうとしたブラックの足を必死に王者のタイガーが引っ張り、それを止める形に。ブラック優勢の感は否めない。日本初登場にも関わらず、決着後、ブラックが勝利をアピールすると観客から拍手が起こったことが、その印象を裏づけていた。タイガーは防衛したベルトを腰に巻かず、付け人の山崎一夫に無造作に投げ渡していた。

もちろん、タイガーが表題のコメントを出したのは、この2つの技のためだけではない。序盤は互角に渡り合うも、徐々に圧倒された。ブラックをコーナーに振り、サマーソルトキックを放とうとすると、足をチョコンと前に出してそれを防がれた。ロープ際でタイガーが突進すると、ブラックはそれをショルダースルーで場外へ……と思いきや、途中で自らは体を外し、土台がなくなったタイガーは、ロープに腹から落下。ブレーンバスターで持ち上げたかと思えば、同じくそのままタイガーの腹をロープに叩きつけるブラック……。タイガーはそんなブラックの攻めを、こう評した。

「梅雨の雨のように、実にねちっこい、非情なレスリング」

実際、ブラックは、狡猾なプロレスを見せた。現在のプロレスでもよく観られる、バックを取られてからの急所蹴りを当時から常用していた。先んじるが、2人の最後のシングルではこれを読まれ、タイガーが背後からローリングソバットを見舞い、ブラックは半失神（直後のジャーマンスープレックスで敗退）。セコンドにバックフリップのように担ぎ上げられて退場していた。あまりに急所蹴りを狙うため、自らが前傾姿勢になっており、件のローリングソバットがブラックの後頭部を刈り落とすように強烈にヒットしたのだった（1983年2月7日）。そうは言っても、こんな攻防も含め、ブラックがバックを取られてからの急所蹴りの浸透に貢献（？）したのは間違いない。

さらに悪賢かったのが、1982年8月29日の田園コロシアムでの一騎討ち。腰投げ、ボディスラムなどを見舞われ、受け身をとったタイガーだが、なぜかその日はより効く。ブラックがしつこく体固めに入った時、その理由がわかった。真夏の屋外会場。しかも、試合開始は午後1時からだった。ブラックは、日差しが強く、直射日光の当たっているところ中心にタイガーを落とし、押さえ込んでいたのだった。タイガー本人の述懐が残っている。

「日差しを受けたマットに横たわり、その上に乗しかかられることがこんなに苦しいことだとは

実際にその身になってみないとわかりません」（『月刊プロレス』1982年11月号。表記はママ）

目立たぬようだが、小刻みに放つパンチ、キックも同様だった。以前、こちらも試合巧者として知られる保永昇男の張り手について、テレビ解説の山本小鉄がこう説明していたことがある。「巧いですね。張り手と張り手の合間を微妙に空けている。具体的には、相手が打ち返そうとする瞬間に2発目を入れるわけです。すると相手は反撃できず、受ける体勢にもなってないから、より効いて、結局、ずるずるとペースを獲られてしまうんですね」。タイガー自身もブラックの打撃について、「切れ目が全くないので息を抜く間もないのです。下手に抜いたところをやられると、てきめんにスタミナのロスに繋がってしまう」と語っている（前出『月刊プロレス』より）。

とはいえ、ズル賢さの一方で、凶器の類いは使わない、いや、1回はあった。場外戦の際、カメラマンのバッグを持ち上げて、相手を一撃したのである。すると場内は異常なほど、ドッと受けた。観衆は超満員の1万2千人。会場は、ルイージニキ室内競技場。場所は、モスクワ市レーニン運動公園内。そう、ソ連（現ロシア）での初のプロレス興行の場であった（1989年12月31日）。ブラックは獣神サンダー・ライガーと対戦。初の共産圏でのプロレス披露だけに、両者ともにマスクマンというカードは、そのバラエティの豊かさという打ち出しを担っていたと言えよう。そんな趣向に加算するかのように、ライガーがブラックを場外に落とし、トペを敢行。すると、リング下のカメラマン達は大慌て。まさか選手が場外を闘いの舞台にするとは思わなかったのである。カメラの備品も散乱。それを見て取ったブラックは、カメラのバッグでライガーを殴打。あたふたするカメラマンとのコントラストに、場内は大いに沸いたのだった。いわば、ソ連で初の凶器攻撃をしたレスラーとなったブラックは、ここでも悪役としての自分を痛烈に印象づけたのだった。

そんなブラックが、ディック・マードックを相手に、何か激怒している。こちらもラフには滅法強く、〝狂犬〟の異名で知られた強豪である。1987年9月の大阪のことだった。見ると、ブラックの出で立ちが妙だ。Tシャツに、ネクタイをしている。しかも場所は屋台の居酒屋。そして、喧嘩かと思えば、マードックのほうは大笑いしている。

実はこれ、大のイタズラ好きのマードックの差し金。「極上のナイトクラブに連れて行ってやる」と持ち掛け、いざ連れて来てみれば……という寸法。もちろん、それだけではつまらないから、「高級な店だから、ネクタイはしていないと」。ブラックは困惑。

「でも、スーツも持って来ていないし……」

「じゃあ、ネクタイだけは買って、Tシャツの上から締めればいいよ。ジャパンではそれでOKだ」

この顛末は見た通りだが、いくらなんでも、Tシャツにネクタイは、途中で気付きそうなもの。つまり、他の選手たちからの評判もなぞらえて、こう言える。

ブラックは超がつくほどの、真面目人間だった。

正体不明のマスクマンとして来日した、デビュー戦前日のインタビューからして振るっていた。「あなたの生年月日と生まれたところは？」「一九五三年五月十一日、英国・ロンドンだ」（『東京スポーツ』1982年4月22日付。以下も）。その後も、身長、体重の明言はもちろん、わざわざ数字を紙に書いて渡す紳士ぶり。極めつけは、ベルトの有無、つまり、王者になったことがあるかどうかを聞かれた際。「大英帝国ミドルヘビー級のチャンピオンを三年間守り続けている。これまで防衛回数は四十回だ」。欧州版の世界へビー・ミドル級王座としても知られるが、最後の防衛回数については手間を惜しまず、指折り数えていたという。翌日のデビュー戦ではテレビ解説の桜井康雄（『東京スポーツ』編集人）がこのタイトル名と防衛回数をそのまま公開。「今も持っている」とはさすがに言えず、「まぁ、いつの頃かわかりませんですけどね〜」と言い足していたが……。

1989年の夏に行われた屋外での取材では、あっさりと素顔で登場。場所は西新宿だったが、理由が「マスクをつけたまま、街へ出るのは恥ずかしいからね」。写真撮影時のみ、セカンドバッグからマスクを取り出し、着用していた。筆者がブラックの、まるで、マスクマンではないようなこんな振る舞いに、我が意を得た気がしたのは、前掲の『東京スポーツ』にこれまたあった一文を思いだしたからだった。

「日本は初めてというが、感じでは過去、来日の経験が一度はありそうでもある」

そのブラックを見初めたのが、アントニオ猪木だった。

1979年10月のこと、新日本プロレスは巡業中だった。猪木は、旅館の一部屋で一行とテレビを観ていた。その時だ。

「いいなあ」と猪木が言った。

「ウチもこんな選手、連れて来いよ」

テレビでは国際プロレスが放送中。まだ素顔だったブラックが戦っていた。

既に母国イギリスでダイナマイト・キッドと抗争し、名を上げていた素顔のブラック。実は新日本プロレスからもこの直前、オファーを出していたが、ブラックは国際プロレスへ。さりとて、実際日本に来た彼のファイトを目の当たりにした猪木の慧眼に間違いはなく、そしてそれは、愛弟子にも受け継がれた。

1981年4月、佐山サトルが修行先のイギリスから帰国し、初代タイガーマスクとしてデビュー。連戦連勝で、一部を除いては敵なしの状態に、「イギリスには、いい選手はいた?」と、関係者が問うた。佐山は答えた。

「マーク・ロコという選手は、良かったですよ」

もちろん、猪木が以前、誉めた名前だった。

父もレスラーだった親子鷹。ゆえにというわけでもないが、基礎的なテクニックは盤石。加えてラフプレイもお手の物だったのは見てきた通り。さらに本人が語るには、「猪木からホーガンにレスリングを教えてやってくれと頼まれたんですよ。（中略）試合のある時には、会場で午後5時からイベント開始前まで。試合のない時も毎日のようにベーシックのレスリングを教えましたね」（『Gスピリッツ Vol.41』より）。ここまで来れば言わずもがな、いわゆる〝シュート〟にも、滅法強かった。イギリスのプロレスはラウンド制が主流のため、一瞬のうちに極める技術はマスト。既出である国際プロレス行きを強く推したのが、当時、同団体のブッキングを手伝っていたカール・ゴッチであることからも、その腕の覚えが垣間見えよう。

しかも、同じゴッチが１９８４年には、他団体への参戦を勧めてきた。それは、「第一次ＵＷＦ」。蹴りと関節技を中心とした、その先鋭的な格闘スタイルで、今では伝説化している同団体だが、同胞と言っていいイギリスのテクニシャン、マーティン・ジョーンズからもこの新団体への誘いが来ていた。現実にこのジョーンズは第一次ＵＷＦに参戦したため、同時に、どれほどブラックの強さを買っていたかも、わかろうというものだろう。しかし、ブラックはＵＷＦには行かなかった。因果関係は不明だが、この時期、新日本プロレスと、長期の契約をし直していた。

ちなみにこの時、新日本プロレスの若手、いわゆるヤングライオンにも声はかかり、蹴りを主武器にしていた橋本真也、若手の成長頭である山田恵一、若干15歳で新日本プロレス入りした船木誠勝（当時、優治）がその候補であった。なお、橋本は、「まだ新日本に何も恩返ししてないじゃないか」という恩師の説得で残留。山田と船木は、既に第一次UWF行きを決めていた藤原喜明に、「興味があるなら、今夜の0時に、（合宿所の）俺の部屋に来るように」と言われた。自部屋が、山田のそれの対面にある船木は、0時に扉が開く気配をうかがっていた。だが、山田の部屋の扉は、開かなかった。

1984年3月にデビューした山田は、翌年にはそのイキのいい全力ファイトで「プロレス大賞」の新人賞を獲得。さらに翌1986年3月には、後藤達俊を破り「第2回ヤングライオン杯」に優勝した。副賞は、若手なら誰もが夢見る海外武者修行の切符だ。ところが、1ヵ月経っても、2ヵ月経っても、その話は来なかった。あげく、ケンドー・ナガサキに、申し訳なさげに言われた。

「向こう（アメリカ）で組むパートナーを探してるんだが……もう少しお前に、身長があればなあ……」

ナガサキはヤングライオンをアメリカで世話したこともあったが、それは武藤敬司や、ヤングライオン杯で準優勝の後藤達俊などだった。山田には、背の小ささを気に病み、一旦メキシコに渡って新日本プロレス入りを目指した過去もある。だが、入門後は、あの長州力をして、「お前は本当に、レスラーの鑑だな」と言わしめたことだってある。その練習熱心さでは、誰にも負けないはずだった。

風向きが変わったのは、9月だった。

「ヤマダを、イギリスに連れて行きたいんだが……」

ブラックからの進言&要請だった。因みに来日した同シリーズ、ブラックはUWFのホープにして新日本に出戻った髙田延彦と対戦。一敗地にまみれたが、ラフ攻撃で追い込み、髙田から次の言葉を引き出している。「最初から最後まで凄い気迫だった。歯応え、手応え、足応えも十分でした（苦笑）」。対してブラックのコメントは、「サブミッションはプロレスの基礎に過ぎないよ。さまざまなスタイルがミックスされ、高度に洗練されたものこそ、プロフェッショナル・レスリングなんだ」というものだった。

ブラックこと、マーク・ロコの自宅に下宿しながらイギリスで修行を始めた山田は、〝フライング・フジ・ヤマダ〟のリングネームで、瞬く間に人気者になった。当然、狙うは現地の王者だ。そう、それはまさに大英帝国ミドルヘビー級（欧州版・世界ヘビー・ミドル級）王座を保持する、マーク・ロコだった。立って良し、寝て良しの両雄だけに、激戦が続き、抗争は名物に。ロコは日本でのブラック同様、トップ・ヒールであり、しかも、試合形式は現地で得意とするラウンド形式。ラフを交えた老獪なファイトで王座を守り続ける。一方、山田は勝てはしなかったものの、そのケレン味のないファイトで、人気もグングン上がって行った。

そして1987年3月3日、その時が訪れる。ロコのベルトに挑戦した山田は、遂にこれを奪取！　瞬間、会場のフェアフィールド・ホールは大爆発。まるで日本のリングかのように、客がリング下に殺到。歓喜の山田を讃えた。敗れたロコが山田にクレームを付ける素振りを見せると、ファンはブーイングで応えてみせた。

「……」（ロコ）

後に山田は、同名のアニメから飛び出したヒーロー、獣神ライガーに変身（1989年）。翌年にはアニメの展開に合わせ、その最強形態である、2本のツノが生えた獣神サンダー・ライガーへと変貌した。前に出て来た素顔での西新宿での取材は、この直後に行われた。雑誌記者は聞いた。「ライガー選手はツノまで生えましたけれど……。ああいうのは、戦ってて、吹き出したりはしませんか？」。

ブラックは答えた。

「彼は強くなったから、あのツノが生えたと聞いたよ。どうして私たちが、それを笑えるんだい？」

ブラックは腰の痛みで引退する2年前、獣神ライガーと日本で一騎打ちをした（1989年7

月12日）。ＩＷＧＰジュニア王者のライガーがブラックを迎え撃ったその一戦は、ライガー自身の発案で、同タイトル戦史上唯一の、ラウンド制で敢行された（3分10Ｒ）。自明ながら、ブラックが地元で得意とする試合形式だった。試合はライガーボムで王者が勝利。決着後、ブラックはライガーに近づき、意外な行動を見せた。ライガーにお辞儀をしたのだ。そして、ライガーもそれに応じた。

次の瞬間、ブラックはライガーへキックを狙う。しかし、ライガーもかわし、やり返した。そこにあったのは、ヒール・レスラーとしての自負と、若き門下生かつ好敵手ならではの承服ではなかったか。

「……できた！」

初代タイガーマスクは叫んだ。練習に付き合っていた新倉によれば、〝何百回もの〟試行を繰り返したという。

内容的に惨敗を喫したブラックとの初対決から1ヵ月、タイガーは再戦。ブラックのコーナートップからのエルボードロップをかわし、ツームストン・パイルドライバーを炸裂させて寝かせると、一気にリング内からコーナー最上段に飛び乗った。そしてその背面状態のまま、旋回した。

「おぉ！」

観客のどよめき。タイガーの体は、扇形に半回転し、ブラックの上体にプレスされていた。新必殺技「ラウンディング・ボディプレス」（#ムーンサルトプレス）公開の瞬間だった（1982年5月26日）。3カウントでの勝利後、何度も一指し指を突き上げ、さらには大きく両腕を広げたガッツポーズで喜ぶタイガーの姿を忘れることはできない。

後年、CS番組に出た初代タイガーマスクこと、佐山サトルは、番組の主旨にともない、自らのベストバウトを選出。挙げたのは、初代ブラックタイガーに雪辱を果たした、右記の試合だった。

DEBUT
07

1984.9.1

東京・練馬区南部球場特設リング
◯後藤達俊（7分31秒・逆十字固め）橋本真也●

橋本真也

「今日デビューさせてもらいました
橋本です！ よろしくお願いします!」

橋本真也
Shinya Hashimito

1965年7月3日生まれ。岐阜県土岐市出身。学生時代に柔道を始め、アントニオ猪木に憧れて、1984年に新日本プロレスに入門。同年9月1日の後藤達俊との一戦でデビュー。同期の武藤敬司、蝶野正洋と並ぶ“闘魂三銃士”の1人として頭角を現し、対戦相手を容赦なく叩き潰す豪快なファイトぶりから“破壊王”のニックネームで注目される。1993年に初めてIWGPヘビー級王座を奪取してから通算20回の防衛記録を誇り、小川直也との抗争を経て一度引退宣言するも、ファンの声に励まされて2000年に引退を撤回。同時に新日本を解雇されるも新団体「ZERO-ONE」を旗揚げし、全日本やハッスルなど他団体にも積極的に参加し、大々的な活躍を見せたが2005年7月11日、脳幹出血により急逝。その遺志は2011年にデビューした息子の橋本大地が受け継いでいる。

その事務所の神棚には、妙なものが飾ってあった。『仮面ライダー』の「変身ベルト」である。昭和世代には懐かしい、バックル部が回って光る当時の大人気商品だ。そのパワーを経て主人公が仮面ライダーに変身するわけだが、当然、現実ではそうは行かず。まあ、市井の人々にとってみればオモチャである。そして、その下には、同事務所の代表である、レスラーのフィギュアが飾ってあった。それも、本人に似せて、ぷっくりと太っている。紙で添え書きがなされていた。

『命名　ブルース・ブー』

思わず笑ってしまった。2002年、プロレス団体「ZERO－ONE」の事務所を訪れた際の光景である。代表はもちろん、橋本真也。橋本はヒーローに、とことん憧れていた。

若手の頃のアンケートの類を紐解けば、出るわ出るわ、その憧憬の数々。希望するリングネームは「拳王橋本」に、好きなレスラーは「キン肉マン」。おや、実在する選手ではいないのかと思えば、「尊敬する先輩」欄に「アントニオ猪木」の名が。こちらは1986年に刊行された冊子『羽ばたけヤングライオン』（恒文社）からのデータだが、なるほど、プロになった後だから、こちらの項目に寄せたわけだ。こうするに至った橋本の深慮のほどを思うと、少し胸が熱くなる部分があるが、実際、その信奉ぶりは度を越していた。1986年5月、猪木が不倫騒動のケジメをつけて坊主になると、何故か直後、橋本も坊主に。理由を聞くと、「親分（猪木）がした以上は、自分もしなければと……」。

そんな橋本がデビューしたのは、1984年9月1日のこと。無論、試合を終えると、憧れの猪木に改まって挨拶に行った。

「今日デビューさせてもらいました橋本です！　よろしくお願いします！」

「……あぁ、そうなんだ。今日デビューだったのか。知らなかった」と言いつつ、体を起こす猪木。寝ていたのだ。橋本のデビューは、誰にも期待されていなかった。

橋本の同期と言えば、武藤敬司、蝶野正洋の〝闘魂三銃士〟。その2人より先んじてデビューできたのは、当時橋本を付け人にしていた、坂口征二による指示のおかげであった。取材によれば、酒席で、「猪木の付け人は出世する」という話題となった坂口が発奮。当時のミスター高橋レフェリーに、橋本の早期デビューを頼んだのだという。この時の猪木の付け人は蝶野だったため、最低でもこちらより早くという腹積もりだったようだ。ところが、日取りの決定からして、どうにも調子っぱずれ。8月31日、神奈川県南足柄市総合体育館大会の試合後、橋本は翌日のデビューを言い渡されたのだが、同大会では先輩の笹﨑伸司が一足早くデビュー。こちらは、テレビの生中継試合。テレビカメラも入り、熱気ムンムン。そして、翌日となる練馬区南部球場大会は、言っても東京都内だし、橋本自身も期待していたのだが、そもそも、運転手の公休により、会場入りのバスを運転したのが橋本本人。会場に着いてみれば、球場とは名ばかりのただの原っぱ。地域住民が小～中学生の野球大会などで使う空き地だった。反面、試合開始前には、背広を着た新日本プロレスの上役が何人も来場。（俺を観に来てくれている……！）と橋本は色めきたったが、単に自前で大会を主催する手打ち興行のため、上層部がお客の入りを気にしていただけだった。

災難は続く。当日の音響装置もままならず、そのために試合開始時間が遅れ、おまけにマイクが不調。記念すべきプロとしての初コールなのに、「は……もと……んやー！」とブツ切れ。この顛末は、当時の田中秀和リングアナの鉄板ネタにもなっており、そのオチはこうである。「でね、その会場、取り壊されて、今はマンションが建ってるんです（笑）」。この惨状に、今も続く老舗専門誌『週刊プロレス』は、こんな訴えを当時行っている。「（橋本のデビューした）練馬大会では新聞社のカメラマンがひとりだけ。マスコミの皆さん、デビュー戦くらい来てあげて写真をとってあげて下さいよ」（1984年9月25日号）。自分たちのことは棚に上げていると言えなくもないような……。補足すると、これが載ったのは、各団体の小ネタコーナーだったりした。

かように若手時代、〝笑い種〟には事欠かなかった橋本。元より、坂口の付け人としてもトラブルが多発していた。常用していた中国秘伝とされる数万円の水虫治療薬を瓶ごと落として割るなどは序の口。興行収益を詰めたアタッシュケースを旅館に忘れ、遂には橋本の行動を監視するための〝付け人の付け人〟がついたのは知られるところ。ちなみにこの御目付役は、同期の野上彰が務めたが、同じく同期の武藤敬司、蝶野正洋は橋本について、こう語る。

「『（初代）タイガーマスクみたいになりたい』とか、新日本に入門した頃から言ってて、蝶野と、『アイツ、馬鹿なんじゃないか？』と……」（武藤）

「ブッチャー（橋本の愛称）が飛び込み台からプールに飛び込んだら、やけにプールサイドの人たちが沸いてるんだよね。ブッチャーはその反応に、嬉しそうに俺にガッツ・ポーズをしたんだけど、よく見たら鼻血が大量に出てた。修行時代に海外で一緒になった時も、初日に日の丸をエプロン掛けにして登場したら現地のプロモーターに激怒されて。2日目は日の丸をマントにしたらまた怒られて。3日目、扇子を仰ぎながら入場したら、ようやく褒められた。そしたらその次の試合では、扇子で自前の紙吹雪を飛ばしてた。当然、お灸を据えられてた（苦笑）」（蝶野）

その2人と、闘魂三銃士を結成する段になると、橋本は「〝3人寄れば、文殊の知恵〟言うからな！」と高らかに告げた。ところが、次いで出た言葉は「ところで、〝文殊〟って、何？」。

どこか稚気に富んだその大らかさは、豪快さにも直結。ガソリンスタンドを駐車場代わりにし、後で従業員全員に1万円札のチップをサービス。発車が迫っている新幹線の改札は顔パスで通過。お金は後払いという出たとこ勝負ぶり。棚橋弘至はこう語る。「新弟子の頃、後援者から栄養ドリンクの差し入れがあって。橋本さん、『お前ら、せっかく頂いたんだから、残すなよ』と言いつつ、自分で一気に10本飲んだんです。（あぁ！　これがプロレスラーか！）と、僕は圧倒されてしまって……」。橋本を知る読者なら、これらの逸話は、どことなく頷けるのではないだろうか？　そして、そんな無軌道ぶりが、こと橋本においては、リングと地続きだったことについても。

「○橋本真也（レフェリーストップ　10分44秒）後藤達俊●」

１９８７年４月11日、新日本プロレス、横須賀市総合体育館での試合結果である。ちなみに前座も前座の第２試合。後藤は橋本より、２年先輩だったが、突如のレフェリーストップ負け。橋本の蹴りがアゴに命中。脳震盪を起こし、失神してしまったのだった。実はこの後藤とは、前年の12月11日にもトラブルがあった。両国国技館大会の前座で一騎討ちし、橋本は惜敗。ところが、あろうことか、直後に後藤を腰投げで投げ飛ばしてしまったのだ。憤りからだろうか、ノン・ブレーキの狼藉。後藤相手に限らず、橋本はこういった、自身の起こす厄介事に、キリがなかった。若手時代の得意技は、オリジナルのフロント・スープレックス。片腕を極めての危険なもので、こちらで先刻の野上彰を二度病院送りにした。後藤を失神させた２ヵ月後には、有名な「ヒロ斎藤・指折り事件」が発生。この時期に古巣・新日本プロレスに出戻りした長州力らを快く思わない〝生え抜き〟の橋本が、その一派であるヒロ斎藤との一騎討ちで強硬な攻めを連発。先輩・ドン荒川にそそのかされたこともあるが、結果的にその蹴りで斎藤の小指を骨折させたのだった。すると、橋本の態度に長州とマサ斎藤が激高。自らの控室で橋本に制裁を加えるに至ったのだった。

叩きのめされ控室を放り出された橋本は、当時の関係者によれば、こう呟いたとされる。「２人がかりでやりやがって……。忘れねぇからな……」（１９８７年６月３日。西日本総合展示場）。

　同年10月からは海外修業に。翌１９８８年７月29日、〝闘魂三銃士〟として、１試合のみの特別凱旋を果たすと、藤波、木村健悟、越中詩郎組から反則勝ち。結果こそ武藤が、珍しく大暴走した藤波から白星を拾った形になっているが、その実、キレさせたのは橋本。武藤にサソリ固めを仕掛けた藤波の胸板に強烈なミドルキックを見舞うと、藤波の顔付きが一変。自ら技を解き、橋本に強烈な張り手から、あとはタコ殴り。後年、テレビ解説席に座った藤波は、橋本の蹴撃の体感について、こう語っている。「彼のは、重いんですよね……」。温厚な藤波にしては珍しく、苦虫を噛み潰したような口調だった。１９９０年４月27日、「マサ斎藤、橋本真也vs武藤敬司、蝶野正洋」という、武藤の凱旋マッチが東京ベイＮＫホールで組まれると、前年、既に帰国していた橋本が、武藤を挑発。リングインさせると、ファースト・コンタクトで武藤の左膝を思い切り前から蹴った。武藤組は結果的には勝利するも、武藤はこれで膝を負傷。後年ついた異名、〝破壊王〟に嘘もない。だが、現場においては、歓迎すべからざる響きも否定できなかった。

　海外での経験を経ても闘い方は変わらなかったわけで、実際、現地では、ほぼ、干されていたという。試合そのものを、していなかったのだ。同時期に同じカルガリーにいた馳浩が明かすには、対戦した外国人選手曰く、「危険な奴」。仲が悪いとされた佐々木健介はこれを受け、「橋本が危険な奴だとは笑わせますね。彼は試合が下手なだけでしょ?」と強烈な一言を残しているが、要は、日本人でも外国人でもスタンスは不変だったわけだ。血気盛んなサモア系の相手方がキレて、喧嘩になってしまったこともある(1985年9月19日、東京体育館/橋本真也、武藤敬司vsシバ・アフィ、ブラック・キャット)。こちらはシリーズの最終戦だったが、直後の台湾遠征に、若手では橋本のみ、参加していない。アフィとの殴り合いで橋本の顔がパンパンに腫れあがってしまったこと以上に、それは詰まるところ、団体からのペナルティだった。同じように前述のヒロ斎藤との一件では、翌日よりシリーズ不参加に。東京へ強制送還されたのだった。

孤高でなく、孤立。あるいは、その時もそうだったかもしれない。1990年代の、あるパーティでのことだ。馴染みのレスラー、関係者が歓談する中、橋本の姿を探した。だが、見つからない。お喋り好きの破壊王にしては、少々解せぬことだった。

瞬間、氷が激しく割れる音がし、そして、高らかな拍手の音が響いた。

(いた……!)

ステージで余興宜しく、空手家が氷柱割りをしていた。それを数列設置された観覧席の1列目で観ていたのが橋本だった。それこそ、かぶりつかんばかりに。諸手での熱い喝采があるまで、気づかなかったわけだ。橋本の周りには、特に誰もいなかった。呼びかけると、橋本は少し恥ずかしそうに、頭を掻いた。

「へへっ、今はレスラーだけど、俺、本当は、空手家になりたくてね……。いや〜、空手って本当に凄いね」「なれたでしょう、橋本さんなら」「いやいや」本音を押し戻して、橋本は言った。

「ウチはなにせ貧乏でなあ……。まず稼ぐためには、プロレスしかなかったんだよ……」


幼少期のあだ名は〝ボロ〟。住んでいた古家が、友達も呼べないほどのボロ屋だった。父は顔も覚えられぬ幼子の頃、失踪。小料理屋を営んだ母親が支えた家計は苦しく、その孤独を支えたのがテレビで観るアントニオ猪木と、劇画『空手バカ一代』で知った極真空手だった。「小学5年生くらいの頃からかな」と言うから、橋本が11歳ほどの時（1976年）。それはまさに、猪木が「格闘技世界一決定戦」路線を推進し始めた時期だった。〝プロレスこそ最強の格闘技〟と思った。

中学に空手部がなかったため、柔道部に所属すると、1年生の夏には早くも市の大会で優勝。高校には柔道の特待生として進学。だが、高校1年生の終わりに、橋本は柔道を自ら捨てる。女手ひとつで育ててくれた、母親が急死したのだ。以降、やけになり、私的な喧嘩に明け暮れるなど、荒れ放題となった橋本。周囲の説得により高校3年時に柔道部に復帰するも、1年間のブランクは大きく、大会で結果は残せなかった。「当時のライバルで、何年後かにはオリンピックに出た奴もいてね……」と、橋本はこの時期の後悔を繰り返す。

そして、新日本プロレス入り。冒頭の『羽ばたけヤングライオン』のファンへのメッセージ欄には、こうある。「最近プロレスに不安、または、ぎもんを持っている人が多いですが、スタイルが違ってもプロレスはプロレス」。同誌の刊行は1986年の7月。折しも前田日明を始めとするUWF軍団が、その格闘性高きプロレスで、新日本本隊を侵食し始めた時期だった。それは、若くとも、「UWF勢のスタイルであろうが、俺は絶対負けない」という矜持ではなかったか。

1988年、そのUWF勢が脱退し、新団体として独立しても、橋本の構えは変わらなかった。1990年8月、後楽園ホール7連戦が組まれると、武藤&蝶野にはタッグの連戦が、橋本にはシングルのそれがあてがわれた（8月1日～7日）。それは、橋本をエースとして売って行こうという算段の表れだ。伝説の名勝負とされる3日目の〝イス大王〟栗栖正伸戦では、入場幕をくぐった橋本を栗栖がパイプ椅子で奇襲。ところがそれを橋本は左手で払いのけ、悠然と入場。同試合の最初の名場面だが、実はこの時、橋本は左手の甲を骨折していた。だが、平静を貫いていた。反選手会同盟（当時）の斎藤彰俊とのシングルでは、互いに蹴りと突きのみの攻防に終始。最後は彰俊が立てなくなり、6分59秒、セコンドの青柳がタオルを投入するTKO決着に（1993年6月2日）。憧れた劇画『空手バカ一代』の原作者、梶原一騎の追悼興行に出場した際は、後藤達俊相手に蹴りからのDDTに繋ぎ、最後は三角絞めでフィニッシュ。空手やキックボクシングなど、他の格闘技も披露された大会のメインを務めた橋本は、コメントルームでこう締めた。「意識してました。蹴って捕まえて投げて、関節技で決める。プロレスのそういう部分を、他の格闘技ファンにも見せたかった。プロレスは、至高の格闘技だから」（1990年7月6日）。

そんな橋本が、余りにも有名な空手道場に自ら電話をかけたのは、デビューから15年以上経過した、2000年3月のことだった。

「正道会館ですが」

あの、K－1を主宰していた道場だ。受付を経て、受話器を渡された男は、名乗った。「はい、角田です」。〝愛と感動の空手家〟の通り名で知られた角田信朗は、懐かし気に振り返る。

「橋本さんとは、それまで挨拶程度の面識しかなくてね。だから、正道会館自体に電話をかけて来たと思うんですね。そう、あれは、橋本さんが、〝負けたら即引退〟という試合を控えた1ヵ月くらい前でね」

橋本は1997年4月より、プロへと転向した小川直也と抗争を開始。1999年1月にはその小川にフリーファイトで潰され、その再戦にも惨敗。この年の4月7日には、小川との決着戦が組まれていた。高まる注目とともに、テレビのゴールデンタイム中継枠もつき、番組に以下のタイトルがついたのは、未だ記憶に新しい。『橋本真也34歳　小川直也に負けたら即引退！』。橋本は角田に言ったという。

「次の試合に、自分の進退がかかってます。だから、空手を今一度、しっかり学びたい。でも、もう顔も皆に知られているし、今までの名前もあるし……。今さら町道場で特訓というわけに行かない。だから角田さん、どうか俺に稽古をつけてください！」

「教える、教えないじゃなくて、一緒に稽古をするということなら……」と応諾した角田は、橋本という人物をこう、述懐する。「凄く、空手や格闘技に対して、純粋な気持ちを持っていた人。それはきっと、リング上の闘いという部分でもね……」。

〝ミスター・プロレス〟天龍源一郎には、揺るがぬ持論がある。「小橋や（佐々木）健介が、相手とチョップを打ち合うの、あるだろ？　観客も『オーイ！』『オーイ！』って歓声で後押しして。あの雛形を作ったのは俺と橋本だから。俺たちが、チョップと蹴りでやりあったのが最初だから」。

闘魂三銃士で、最初に〝長州越え〟を果たしたのも橋本。記念すべき第1回『G1 CLIMAX』公式戦最終戦での一騎討ちにおいても橋本が長州に勝利したが、長州はこれで公式戦全敗となり、一時的に引退報道もあった。その長州は、この橋本戦のフィニッシュであるニールキックを受ける直前、こう叫んでいる。「（俺の）首を刈れ！」（1991年8月10日）。なお、長州の最後のIWGPヘビー級選手権挑戦は、1997年1月4日の東京ドーム。惜敗に終わった。チャンピオンは橋本だった。不仲説のあった佐々木健介は橋本と道場の入口ですれ違った時、こんな風に声をかけられたという。「俺たち、リングの上では、わかりあえてるよな」。

知られた話だが、満47歳で没した織田信長を尊敬していた。「長生きするつもりはない。信長のように、太く、短く生きたい」が口癖だった。ある記者が鹿児島県の徳之島への同行を頼まれたことがある。だが、行ってみると、何もない。橋本は言った。

「戦艦大和の、沈没した場所が一望できるんだよ」

橋本は、静かな海面をずっと眺め、物思いにふけっていたという。


2005年7月11日、橋本は急逝。享年40。翌日、感慨深げに、こう言った人物がいた。

「今朝のスポーツ新聞を見たら、全紙が1面で橋本の死を報じていた。世間的に、じゃない。社会のひとつの出来事として扱ってくれていた。橋本は、社会的に評価されていたレスラーだったんだよ」それは、橋本を付け人とし、デビューさせた、坂口征二の言葉だった。

通夜、告別式、お別れの会を含め、続々とファンが駆け付け、橋本の死を悼んだ。その数を合わせると、デビュー時の観衆を遥かに超える、3万人以上。四十九日には故郷の岐阜県土岐市でお別れの会が行われ、市からスポーツ栄誉賞が贈呈された。柔道時代の恩師が弔辞を述べた。

「自己を通すお前が大好きだったよ。でも、もっと人生を語り合いたかった」。

橋本は、IWGPヘビー級王座を初奪取した際、恩師の元までベルトを見せに帰郷した。そして、子供の頃には買えなかった、欲しくてしょうがなかったものを遂に、買った。

それは、仮面ライダーの変身ベルトだった。

DEBUT 08

1984.10.5

埼玉・越谷市体育館

○武藤敬司（逆エビ固め・8分27秒）蝶野正洋●

武藤敬司

「デビューすることは、
1ヵ月くらい前には聞かされてたよ」

武藤敬司
Keiji Muto

1962年12月23日生まれ。山梨県富士吉田市出身。1984年、新日本プロレスに入門。同年10月5日、同日入門の蝶野正洋を相手にデビュー戦を飾る。やがて蝶野や前日入門の橋本真也と併せて〝闘魂三銃士〟と称されるようになり、新日本のエースとして活躍、IWGPヘビー級王者、「G1 CLIMAX」優勝などの実績を挙げる。また、ペイントレスラー「グレート・ムタ」として海外でも絶大な人気を博す。2002年に全日本プロレスに電撃移籍し、社長就任。他団体との交流戦も積極的に行うようになり、三冠ヘビー級王座にも3回輝く。2013年に全日本を退団すると、新団体「WRESTLE-1」を旗揚げ。両膝の手術などで欠場を重ねながらも活動を続けるが、2020年に同団体が活動休止になると、プロレスリング・ノアに入団。メジャー3団体のヘビー級シングル王座およびタッグ王座のグランドスラムを達成し、2023年2月21日、内藤哲也との一戦で長いキャリアの幕を引いた。

藤波辰爾が、司会者からインタビューを受けた。新日本プロレスで翌日から始まるタッグリーグ戦の前夜祭パーティでのことである（1986年11月13日・京王プラザホテル）。

話題は、その前のシリーズで、デビュー2年目の若手とシングルで連戦し、連勝したことであった。その手応えを問われ、藤波は答えた。

「（彼は）非常に強かったですね、ええ」

この時点でキャリア15年のベテランながら、今も変わらぬ、人の好い温かな〝ドラゴン・スマイル〟が、そこに見られた。

そして、その2年目の新鋭も壇上に呼び出され、同じく戦った藤波についての感想が振られた。

返答は、以下のものだった。

「藤波さんも、非常に強かったです」

武藤敬司であった。

こんな自信満々のやり取りもむべなるかな。武藤は若い頃から、たいそう注目されていた。なにせ、本人がインタビューで語ってくれたところによれば、下記のような具合である。

「デビューすることは、1ヵ月くらい前には聞かされてたよ。『（試合用の）シューズとパンツを作っておけ』と言われたのも大体、デビューの1ヵ月前だし」

本書で後ほど登場する選手にはよく見られるが、デビューは前日や当日に突然申し渡され、コスチュームが借り物の若手も多い。そこに、新弟子時代の地獄のトレーニング中、山本小鉄に「辛かったら、辞めていいいんだぞ」と凄まれ、「辞めます」と応えると、「……待て、もうちょっと頑張ってみないか？」と予想外のラリーが返って来たという逸話も足せば、周囲からの期待は明らか。実際、デビュー戦自体は第1試合という定位置だったが、試合前、激励賞が渡されたというから（※試合後説もあり）、なんやかんや言って、破格の扱いのデビュー戦だった。その初陣について、本人はこう振り返る。「ずっと成長できたのも、デビュー戦がブサイクだったから」。こちらは東京スポーツ新聞社の『'08プロレス年鑑』からだが、続く言葉も良い。

「恋愛と同じで最初が良ければ、あとの評価はマイナスされていくだけだから」

実際、武藤がその後、着実に評価を加算させていったことは、読者の方もご存知だと思う。プロレスラーとして生まれ育った新日本時代だけを見ても、1995年、現役のIWGPヘビー級王者でありながら、毎夏のリーグ戦「G1 CLIMAX」も優勝。既に33回の開催を誇り現在も続く「G1 CLIMAX」だが、こちらはいまだ、他に佐々木健介しかなし得てない記録である（※健介は2000年）。2002年、全日本プロレスに移籍すると、エース&社長として活躍。この時期、インタビューした筆者は、武藤にこう振ったことがある。「新日本でも、全日本でも、トップを獲られて……」。褒めたつもりだったのだが、「いや、待て待て」と、意外にもそれを諌めたのは目の前の武藤自身だった。

「それだけじゃないよ。俺、アメリカでもトップを獲ってるから（笑）」。

そう、もうひとつの顔、ザ・グレート・ムタとしても世界に名だたる名士なのだった。こちらの評価の凄さは、WWEのリングに一度も上がったことがないにも関わらず、WWEの殿堂入りしたという事実だけで充分だろう（2023年3月）。

加えて高かったのが、他ならぬ、レスラーからの評価。ビッグバン・ベイダーが「日本で最高のレスラー」と評したのは有名だし、橋本真也は若い頃から、「みんな、武藤を誤解してるけど、彼は日本の柔道で3位になった男だから」（※1980年に、全日本ジュニア柔道体重別選手権大会95kg以下級3位に）と敬意を払う。華やかさの陰にあるその強さに一目も二目も置いていたのだ。「（獣神サンダー・）ライガーより大きくて重いのに、ライガーより早くて高い動きができる」と、プロレスラーとしての高評価も忘れなかった。

2023年2月、39年間の現役生活を終え、引退。振り返れば新日本、全日本、NOAHという3大団体のシングル＆タッグ王座をすべて手中に収める〝メジャー完全制覇〟を達成していた（高山善廣に続き2人目）。

当然のことながら、地元、山梨県でも大の人気者。「学校と私」という新聞連載登場時には、こうあった。「冬は田んぼにわらを敷いて、みんなで仮面ライダーごっこやバック転の練習。（得意技の）ムーンサルトプレスの原型ができたのもその頃です」（『毎日新聞』2013年9月30日付・朝刊）。早熟の天才だったというわけだ。ただし、〝体技において〟という限定詞がついていた。

「学校の勉強は、苦手だったたね」屈託なく、武藤は笑う。

「高校時代なんて、下手に良い進学校に入れたもんだから、ずっと俺は学年でビリだった。一度、下から10番目くらいだったことがあって、『俺より頭悪いのがいるのか!?』と思ったら、彼らは全員病欠で。つまり実質的には、俺がやっぱり最下位だったわけです（笑）」

反省はあろうが、そこに微塵の暗さもない。先の新聞でも、ズバッとこう言い切っている。「公式を覚えたりしたけど、社会では意外と役に立たなかった」。

要因のひとつとなる出来事が起こったのは、1972年2月19日。武藤が9歳の時であった。

土曜日の夜7時半、家族でアニメ『天才バカボン』を観ていた。バカボンのパパが、あれよあれよという間に、植木をゴジラの形に刈った（同回のタイトルも、『怪獣の木がテレビに出たのだ』となっている）。武藤はつぶやいた。「すげえなぁ〜」。すると、突然、隣にいた父が言った。

「あんなの、簡単だぞ」

翌日、自宅の庭の植木が、亀や鶴の形に綺麗に刈られていた。父は植木職人だった。それも、名うての腕前。遊園地「富士急ハイランド」にある、実物の1200分の1スケールのミニ富士山も、父が手掛けた物だったとは後年知った。無性に誇らしかった。

先んじるが、プロレスを引退した4ヵ月後の2023年6月、武藤は「ベスト・ファーザー賞」を受賞。選出理由は、こうなっていた。「植木職人の父親の職人芸を見て育ち、1984年にプロレスラーという『職人』としてデビューし、『作品』というべき試合を39年にわたってこなし、その真剣な生き方をもって2人の子供を育てた心身ともに強い父親」……。

そう、武藤にとって試合は「作品」。それを作り上げることにこそ、武藤自身、無上の喜びを感じて来たのだった。

目を閉じれば浮かぶ、大作、名作、傑作の数々。UWFインターナショナルとの全面対抗戦では、メインで高田延彦と対決。4の字固めという、プロレスならではのフィニッシュで勝利(1995年10月9日)。大仁田厚が第0試合で電流爆破マッチを蝶野と戦った時は、メインでドン・フライを撃破し、IWGPヘビー級王座を防衛。「レスラーの鍛え抜いた技は、爆弾に劣らないということを証明できたよ」と笑った(2000年4月10日)。全日本プロレスの至宝、三冠統一ヘビー級王座に天龍源一郎が挑んで来た際は、相手にジャンボ鶴田ばりのルー・テーズ式バックドロップ、三沢光晴を彷彿とさせるエルボー・スイシーダを出させ、自らはムーンサルトでフィニッシュ。「最高の作品ができた」とほくそ笑んだ(2001年6月8日)。実はデビュー戦についても、こんな感懐がある。こちらもその日が初陣となった蝶野正洋と戦い、逆エビ固めで勝利するも、内容は、柔道の心得のある武藤が腕ひしぎ逆十字固めを何度も狙う展開。これについて、こう述懐した。「腕を攻撃しておきながら、フィニッシュは足攻めっていうのが、お粗末だよな」(前掲『'08プロレス年鑑』より)。時は経ち、2008年4月、全日本プロレスの社長としてIWGPヘビー王座に改めて挑む際は、こう言い切った。

「今まで、作品を残してる自信があるから、1、2回こけたところで、客はついて来てくれますよ」

彼の歴代の入場曲の中でも一番人気の「HOLD OUT」の翻訳、〝差し出す〟がごとく、極上の名品を提供し続けた。

そんな誇り高き武藤が、自分史の中で、消滅させたい作品があった。

1996年9月23日、新日本プロレス・横浜アリーナ大会。武藤にはこの日、興行の目玉となる一戦が用意されていた。それは、自身、初の異種格闘技戦。ブラジルの組み技系格闘技、ルタ・リーブリの猛者であるペドロ・オタービオを迎え撃った。ロープブレイク、また、試合直前にはベア・ナックルも認められる特殊ルールだったが、オタービオのソバットをかわした武藤がタックルを決め、マウント状態から拳を2、3発入れると、オタービオは戦意喪失。一度はロープブレイク裁定となったが、結局はオタービオの、ナックル被弾による「ギブアップ負け」という判定。寸止めを思わせる不可思議な結末と、武藤の試合後のコメントが、消化不良を物語っていた。「拳を振り上げた瞬間、彼の目に怯えの色が見えて……」そして、珍しく、自分を否定した。

「見せたくない一面を見せてしまったな」

だがそれは、世情でもあった。1993年、〝噛みつき、目潰し以外なんでもあり〟を謳い文句にした、いわゆるヴァーリ・トゥードの大会、UFCの第1回トーナメントが行われると、優勝したのはホイス・グレイシー。それまでまるで知られてなかった〝グレイシー柔術〟が、最強の格闘技として一気に注目されることになった。1995年にはこのヴァーリ・トゥードのトーナメントが日本でも開催され、ホイスの兄、ヒクソン・グレイシーが優勝。同年、格闘性を標榜するUWFインターナショナルのエース、髙田延彦を破った武藤に、異種格闘技戦出撃の話が出るのは、少なくとも不自然ではない流れだった。ちなみにこの翌1997年、髙田延彦は「PRIDE．1」のリングで、ヒクソン・グレイシーに完敗。翌1998年、「PRIDE．4」で再戦を果たすも、連敗した。

総合格闘技の勢威は増長。そんな中、武藤は、ドン・フライ、ケン・シャムロックという、その筋の猛者とタッグで戦うこととなった。武藤のパートナーは、なんと髙田延彦だった。

2000年12月31日の大阪ドーム。世紀の変わり目に「イノキ・ボンバイエ」と題して行われ

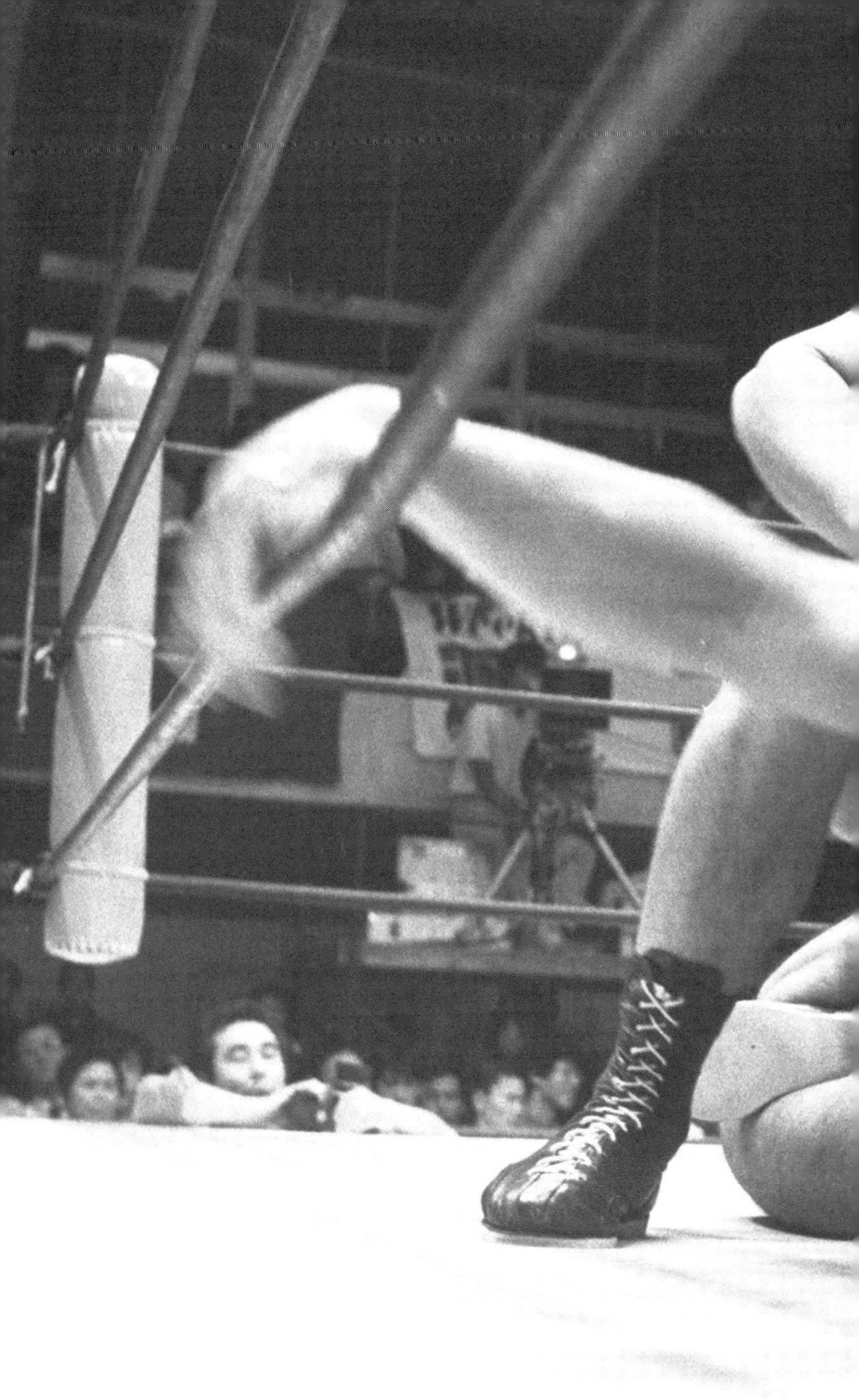

た年越し興行は、まさに大会名よろしく、猪木の肝煎り。総合格闘家とプロレスラーが同舟するイベントとなった。相手チームは言うに及ばず、この時点ですでに髙田も「PRIDE」のリングに8回出場しており、完全に総合格闘家の風体。武藤はそれら3人に囲まれての試合開始となった。

炸裂するローリングソバット。トップコーナーに登ってのミサイルキック。そしてバックドロップ。見せたのは髙田だった。武藤がピンチになれば蹴りでカットし、シャムロックには2人でダブルの股裂き攻撃だ。試合を勝利で終えた髙田は語った。「俺がプロレスに戻って来て、(ひょっとしたら舐めてるのかな?)っていうのが武藤の中にあったかもしれないけれど、そうじゃなくてね。一生懸命さが武藤に伝わったかなとは思います」。先んじて、コメントルームに現れた武藤は髙田に対し、こんなコメントを残していた。

「髙田さんの、プロレスに対するLOVEを感じたよ!」

21世紀、武藤が標榜し、そのプロレス観をも示す、〝プロレスLOVE〟という言葉が生まれた瞬間であった。

以降、武藤の旗幟は鮮明となった。翌2001年、まさしく〝プロレスLOVE〟を合言葉に新ユニット「BATT」を結成。太陽ケア(全日本プロレス)、新崎人生(みちのくプロレス)ら、超党派の軍団を作り上げると、活躍は上昇気流に乗った。同年4月9日の大阪ドーム大会では、先の2人を引き連れ、蝶野、天山広吉、小島聡のT2000軍団と対戦。その他、当時の橋本真也や藤田和之の格闘色強き〝猪木軍〟が覇権争いさながら、それぞれ新日本サイドの佐々木健介、スコット・ノートンと一騎打ちするカードが大会の目玉となったが、こちらがゴールデンタイム枠で生放送されると、最もプロレス色が濃い武藤と蝶野の6人タッグが瞬間最高視聴率を記録（※平均視聴率10・5％。瞬間最高視聴率が武藤の試合中の15・4％）。「みんな、プロレスを観たがってるんだよ」という。武藤の力強い見解が甦る。

同年4月14日、時の全日本プロレスのNo.1、川田利明と対戦すると、「アイツもプロレスを愛してるな」と賛辞を送った。翌2002年1月、総合格闘技リングへの選手派遣など、そちらに傾倒する新日本プロレスを遂に退団。その際、武藤が語った言い分は、以下のものだった。「プロレスがやりてぇんだよ！」。同年3月19日、全日本プロレスへの入団会見に臨む武藤の姿があった。半年後の9月に同団体の社長に就任すると、うち、両国国技館における大会名は、以下に統一された。

『プロレスLOVE』（※後に「in 両国」と、「vol.～」と回数が入る形になった）

実は総合格闘技同様、この時期、他にもプロレスをむしばむ要素があった。過去のプロレス関係者による暴露本の出版である。試合の決着含め、総合格闘技と異なる所見が綴られていた。これに対しても、武藤はあっさりと、こう言い放っている。「暴露本？　そんなもん、オレの中では、とっくに消化し切れてるよ!!」（『週刊プロレス』２００３年12月11日号）。

プロレスを愛し続け、駆け抜けた39年間。１９８４年10月５日デビューだから、正式には38年４ヵ月と16日後の２０２３年２月21日、東京ドームで内藤哲也相手に引退試合を敢行。その後の顛末は、ファンならご存知だろう。内藤に惜敗した武藤がマイクを持ち、「自分で歩いて帰れるし、エネルギーも残ってるし、まだ灰にもなってねぇや」と、どこか未練がましい前振りをすると、「どうしてもやりたいことがひとつ、あるんだよな」とし、叫んだのである。

「蝶野、俺と戦え！　カモン！」

テレビ解説席にいた蝶野は唖然とした。なにせ、黒いコート姿で、腰の手術も経て、杖を傍らの来場だった。そこに来ての試合要求。〝無茶ぶり〟もいいところだが、東京ドームに詰め掛けた３万人を超える観衆に見守られては、逃げ場もない。結局、しぶしぶ蝶野がリングに登壇。こちらは私服姿で、ボーナストラック的に武藤の２試合目の引退試合が行われたのだった。試合後、武藤は満足気に語った。

「どうしてもやりたかったんだよ。蝶野とはデビュー戦を一緒にやって。だから、締めくくりも蝶野にしたかったんだよ」

だが、この38年４ヵ月と16日前にも、ほぼ同じことが起きていたことを知る読者は少ないだろう。

「あれ？　……選手がいない！」

レフェリーが叫んだ。武藤のデビュー戦が行われる、1984年10月5日、越谷市体育館でのことだった。当時、マッチメイクも兼ねていたレフェリーが、順に選手をあてはめて行ったところ、空欄ができたのだ。それは、当日、デビューが決まっていた、武藤敬司の隣であった。

「武藤さんの試合の、30分くらい前かな？　急に控え室が騒がしくなったから何かと思ったら、坂口（征二）さんに呼ばれて。それも、武藤さんと一緒に呼ばれたんだよ。で、『蝶野、今日、デビューだから』と」（蝶野）

トランクスとシューズは作ってあり、しかも、「一応、今シリーズ中は持って来ておいて」と命じられていたため、こちらはことなきを得たが、突然だったため、リングに上がっても、蝶野は下ばかり向いていたという。

「余りにも急だし、恥ずかしくてね。だから俺がデビュー戦で先ず覚えてるのは、ブルーのキャンパスの色（笑）」

別選手の回で後述もするが、逆エビ固めでギブアップの声を上げるがレフェリーが認めず、結局、終了のゴングがなったのは、武藤の2回目の逆エビ固めが決まってからだったという。

「大変でしたね」と筆者が過去のインタビューで水を向けると、蝶野は懐かし気に言った。
「よく覚えてないけど、本当、靴履いて、すぐ試合みたいな感覚だったからね。逆エビ固めの件もそうだけど、ただ、『バタバタして、気づいたら負けてた』印象しかないんだよね、俺のデビュー戦……（苦笑）」

当日、2試合目の引退試合は、蝶野がリング上でコートを脱いでスタート。組み合いから上手くシャイニング・ケンカキックに繋ぎ、STFを決めると、武藤はギブアップ。最後は、デビュー戦で負けた蝶野が、武藤からの最後の勝利者となった。

全ては終わった。外に出ると、東京ドーム周囲が眩しい。それらが、『KEIJI MUTO GRAND FINAL PRO-WRESTLING』に続き、看板に大書された、この日の大会名を照らしていた。
『〝LAST〟LOVE ~HOLD OUT~』

DEBUT
09

1985.3.8

船橋市体育館
○ホークウォリアー、アニマルウォリアー
（体固め・3分39秒）キラー・カーン、アニマル浜口●

ザ・ロード・ウォリアーズ

「世界最強のタッグ・チームであることを証明するために来日した」

ザ・ロード・ウォリアーズ
The Road Warriors

1957年9月12日生まれ、ミネソタ州ミネアポリス出身（ホーク）＆1960年9月12日生まれ、ペンシルベニア州フィラデルフィア出身（アニマル）。1983年にアメリカでタッグチームとしてデビュー。顔面ペイント、モヒカンヘアー、暴走スタイルのファイトで世界マット界に衝撃を与え、1985年3月8日に全日本プロレスに初来日。アニマル浜口＆キラー・カーン組を秒殺し、圧巻の日本デビューを果たした。1990年には新日本プロレスにも参戦、以降、全日本、ZERO-ONE、WJプロレスのリングで活躍するが、2003年10月9日にホークが死去。実質的にチーム解散となるがアニマルはその後も活動を続け、2011年にロード・ウォリアーズとしてWWE殿堂入りを果たしたのち、2020年9月22日死去。

X（旧ツイッター）のダイレクト・メール（DM）が届いた。香川の知り合いからだ。ツーショットの写真が添付されていた。「興奮しとります（笑）」との知人の添え書きもあった。小柄な知人の隣に、雲を突くような大男が写っていた。顔に蜘蛛を模したペイントを施し、棘の付いた肩パッドを装着している。そして特徴的なモヒカン頭。紛れもない、アニマル・ウォリアーだった。2017年10月のことである。

「ロード・ウォリアー・アニマル・ジャパンツアー」と銘打たれた日本のファンとの親睦会。日程は10月6日から11日の5日間。出だしの香川県に始まり、京都、東京を回り、福島でのバスツアーを経て、最後に再び東京で旧敵、キラー・カーンとのトークショーで締めるというスケジュール。必ずしも大都市を含まない、やや殺人的にも思えるそれが、ザ・ロード・ウォリアーズの片割れとしての彼の、全国的な知名度と人気を物語っていた。「初来日から、既に32年も経っているというのに」と言い添えてもよかった。

げに、ウォリアーズ（ホーク・ウォリアー&アニマル・ウォリアー）の初来日は事件だった。1985年3月7日（木）、ノース・ウェスト9便で日本上陸。便名から特記されていること自体が注目度の高さを物語るが、実際、成田空港に詰め掛けた報道陣は、一般紙誌のそれも含め50名以上。前振りとして前年10月より、海外のプロレス・フィルムを放映するコンテンツ『世界のプロレス』（テレビ東京）が開始していたこともあった。ウォリアーズはこの番組のエース&目玉。とはいえ、日本のファンにとってはこの時点で、〝まだ見ぬ強豪〟だったのだ。

待望の初来日に、招聘した全日本プロレスも態勢は万全。翌3月8日（金）に彼らが表題の日本第1戦を終えると、翌土曜日の夕方5時半から放映（当時）していた『全日本プロレス中継』（日本テレビ）でその模様を放送。24時間経っていなかった。

さらに、それから2時間後、夜7時半からは同局の特番枠でも、『全日本プロレス中継』がオンエアされた。もちろん試合は彼ら、ウォリアーズの来日第2戦。つまり、夕方の放送が、予告編的作用を果たしていた。それも、会場はこの年の1月に落成したばかりの両国国技館。プロレスでは、この大会がこけら落としだった。メインイベントでジャンボ鶴田&天龍源一郎が保持していたインタータッグ選手権に挑戦するビッグカード。同会場からの、実況生中継だった。両放送とも視聴率は2桁を超え、関心の高さがうかがわれた。

なぜ、これほどの注目があったのか。理由は、成田空港での初登場時のコメントに明らかだった。

「世界最強のタッグ・チームであることを証明するために来日した」

そう、ウォリアーズは、強かったのだ。

『プロレス・スターウォーズ』という少年漫画があった。当時の人気レスラーたちが実名で登場し、なおかつ馬場と猪木がタッグを再結成するなど、フィクショナルな設定も夢がある作品だった（集英社『フレッシュジャンプ』１９８４年2月号～１９８７年10月号連載）。そして、その〝復活・ＢＩ砲〟の相手に選ばれていた2人こそ、このザ・ロード・ウォリアーズだった（ちなみにスタン・ハンセン＆ブルーザー・ブロディも登場し、相手はジャンボ鶴田＆藤波辰爾）。とは言いつつも、この一戦が誌上で展開されたのも、なんとウォリアーズの初来日前。つまり、この漫画すら、ウォリアーズの事前人気に寄与した形となる。そして、何より凄かったのが、現実のウォリアーズ自身が、その期待を裏切らなかったことだ。

初来日時は7日間で休みなしの全7戦を戦い、平均試合タイムは4分18秒。一方的に攻め立てて勝利するその闘い模様は、〝秒殺〟と称された。パンクラスが同じ言葉を流行らせる8年も前のことである。今にしてみれば、〝そのスタイルで、強さという幻影を作り出していたのでは？〟と言う向きもあろう。だが、シュミット流バックブリーカーを屈伸運動よろしく、何度も自ら立ち上がって連発で見舞って見せたり、体重１４０kgのキラー・カーンを完璧にリフトアップするのを見ると、そんな解析など吹き飛んだ。むしろ彼らが見せる目の前の現実に、こちらがおののくばかりであった。

当時の世界主要3団体とされたＮＷＡ、ＡＷＡ、ＷＷＦ（現ＷＷＥ）のタッグ王座はすべて制覇。日本でも１９８７年３月、それこそＢＩ砲が保持していたこともある至宝・インターナショナルタッグ選手権を奪取（鶴田&天龍より）。しかも1年３ヵ月に渡り保持。その間、行われた防衛戦はわずか２回。人気者ゆえ、日本に頻繁に呼べなかったためでもあるが、それでも彼らが王者であれば、そのタイトルマッチで大会の成功は保証されたようなものだった。

日本ではテレビＣＭにも起用。時代は感じさせるが、パワフルな重低音を売りにしたラジカセのＣＭだったことがピッタリだった。ビデオも東宝から２本発売（『超暴走軍団 ロード・ウォリアーズ』『ロード・ウォリアーズ 極悪チャンプ 無法の嵐』）。プロモーション風のそれだったが、前者では２人は「12億光年離れた惑星が爆発して産み落とされた、２つの悪」、後者では「悪魔が解き放った巨大な猫」が、その正体とされている。さらに書籍『２００１年の原始爆弾（ザ・ロード・ウォリアーズ）』（講談社）では、当時のファンには知られた「俺たちはネズミの死骸が御馳走」という逸話も掲載。滅茶苦茶にもほどがあるプロフィールぶりだが、２人の並外れたイメージに一役買っていたことも否めない。２０１５年5月、朝日新聞が以下の題目でウェブアンケートを取った時のことだ。「記憶に残る昭和の外国人レスラー（は?）」。アブドーラ・ザ・ブッチャーやアンドレ・ザ・ジャイアントは勿論、シャープ兄弟やルー・テーズなど、やや古色蒼然とした顔ぶれも並ぶ中、ウォリアーズもギリギリの20位にランクイン。それは、80年代以降に初来日した選手としては唯一の登場だった。投票者が彼らに、先人たちと同じ怪物性を見ていたのではなかったか。

そして、時代が昭和から平成に移行しても、彼らの強さは変わらなかった。1991年（平成3年）3月には、東京ドーム大会のメインで、天龍源一郎&ハルク・ホーガンと対戦（主催はSWS。ホークがホーガンにリングアウト勝ち）。プロレスの東京ドーム興行で外国人のタッグチームがメインを務めたのは、現時点でこれしかない。同年8月には同じくSWSの、今度は横浜アリーナ大会でワンナイト・タッグトーナメントが行われたが、こちらにも当然のように優勝していた。20世紀が終わりに近づいた1998年でも強さは不変。11月23日、UWF系の流れを組む団体「格闘探偵団バトラーツ」の両国国技館大会に招聘され、セミファイナルに出撃。相手に総合格闘技「PRIDE」のリングでマルコ・ファスを下し、ノリに乗っているアレクサンダー大塚が入っていたが（パートナーはモハメド・ヨネ）、問題にせず。そのアレク自身から4分33秒、ダブル・インパクトでフォール勝ち。ちなみにこちらの大会名が、まさに彼らの両国国技館初登場時を思わせる、『蘇れゴールデンタイム伝説』。その過去と変わらぬパワーを見せつけたのだった。

しかし、一方でその90年代、変化も訪れた。デモニッシュ（悪魔的）な彼らの超人性が、着実に失われて行ったのだ。

転機は1992年、アニマルの腰の治療による長期欠場、および、ホークのWWF離脱だった。

控室で、選手が棘を磨いている。それは、ウォリアーズのお馴染みの肩パッドだ。しかし、磨いていたのは、ホークでもアニマルでもなく、一回り小さな男だった。１９９２年11月23日、新日本プロレス・両国国技館大会でのことである。

この日、「ヘルレイザーズ」が正式発進。ご存知、アニマルという片翼を一時的になくしたホークが、佐々木健介を新パートナーとしたコンビである。初陣前、ホークの肩パッドの棘を磨く健介。どう考えても自分より格上の強豪との本格的なタッグ結成に、健介はその緊張から、手持ち無沙汰になっていた。そこにホークが入って来る。健介は、懸念を口にした。

「（拙い英語で）顔へのペイントの仕方が、よくわからないんだ……」

健介は新キャラクター、「パワー・ウォリアー」として出撃予定だった。

「ガハハ（笑）」ホークは笑顔を向け、言った。

「心配するな。俺が描いてやる」

それ以上の気掛かりを健介が口にしたのは、ペイントもし終わり、自分の肩パッドも装着し終わった入場直前だった。

「できるだろうか？　自分なんかに……」

ホークの答えは明快だった。

「大丈夫さ。お前なら」

初戦で長州力&馳浩を3分2秒で撃破すると、その後、ヘルレイザーズはタッグで40連勝。IWGPタッグ王座を奪取した直後の1993年1月4日の東京ドーム大会では、リック&スコットのスタイナー・ブラザーズと防衛戦。この試合がなんとIWGPヘビー級&NWA世界ヘビー級のWタイトルマッチ（ザ・グレート・ムタvs蝶野正洋）の後に位置されたことが、その勢いと人気を証明していた。

「彼と、日本では初めての試合をした時のこと……」と振り返るのは新日本プロレスの常連外国人、スコット・ノートンだ。そう、ホーク・ウォリアーも、ヘルレイザーズでの快進撃により、完全に新日本プロレスが主戦場となったのだった。

「2人で激しくラリアットを打ち合い、私もホークも背中を打ちつけて目を回してしまったんです。レフェリーが駆け寄って聞いてきました。『大丈夫か？』残念ながら、大丈夫ではなかった（苦笑）」

ホークとノートンは高校からの同級生同士だった。この試合前、ホークがノートン側の控え室に来て、こう声をかけたという。「おい！　今日は思い切ってやろうな！」ゲージを超えた攻防の理由について、そう説明したノートン。同窓だからと言って、遠慮は要らないというホークの意思表示だった。同時期、専門誌に、ホークがハルク・ホーガンについて語る、こんなインタビューが載ったこともある。

「チャリティをし、孤児院に出かけ、身体障害者や生命の子供たちを見舞ったことが、どれだけ報道されたと思う？（中略）でも、それをやっても新聞には載らないんだ。あまりニュースにならないといってな。でもハルク・ホーガンはそういうことをやってきたんだぜ。誰よりもやってきた男なんだ」（『週刊ゴング』１９９３年2月18日号）

ステロイド（筋肉増強剤）疑惑での報道が過熱していたホーガンを公然とかばったのだった。

アニマルが復帰すると、健介（パワー・ウォリアー）と3人で、「トリプル・ウォリアーズ」を結成した（１９９６年4月29日。新日本プロレス・東京ドーム。スタイナー・ブラザーズ＆スコット・ノートンに勝利）。世紀末も近き１９９９年には、全日本プロレスの東京ドーム大会に登場。セミファイナルで、アニマルの実弟のジョニー・エースとトリオを組み、小橋建太、秋山準、ハクシー（新崎人生）に圧勝した（5月2日）。アニマルのモヒカン頭とは対になる、逆モヒカンの髪型だったホーク。それはペイントと併せ、彼の優し過ぎる相貌を少しでも隠すための処置だったと後に知った。

スコット・ノートンは、前述のエピソードを話し終わると、こう言った。

「ホーク・ウォリアーは、人間としてはベストではなかったかもしれない。でも、私にとっては、ベストな人間でした。彼ほど、友人という存在を大切にする人間には、会ったことがないからです」

場所はミネアポリス。時は2003年10月28日(現地時間)。それは、心臓疾患で急死した、ホーク・ウォリアーの葬儀の場だった。日本から健介も駆け付けた。「ある時、ホークが手紙をくれたことがあります。そこには、こうありました。『色んな言葉の違いがあるかもしれないけれど、健介、俺たちはいつでも一緒だ』と……」。臨席者の名簿に、「テリー・ボレア」という、見慣れぬ名前があった。騒がれぬよう、本名でひっそり参列した、ハルク・ホーガンだった。

実質的に喪主を務めた男が言った。

「そこには、ブライアン・ピルマンがいる。カート・ヘニングもいるでしょうし、デービー・ボーイ・スミスもいるでしょう。そして、きっとスチュ・ハートが、その全員の関節を決めているのです(苦笑)」

素顔の、アニマル・ウォリアーだった。

「ホークは、ここよりも素晴らしい場所に旅立って行ったのです」

ホークが永眠した後も走り続けたアニマル。2007年9月1日には、武藤敬司体制の全日本プロレスで健介(パワー・ウォリアー)とタッグを結成。その名も「ヘル・ウォリアーズ」。試合では近藤修司、YASSHI組を一蹴し、「素晴らしいチームができたことを証明できた」と嬉し気にコメント。直前には健介と行きつけのステーキハウス「リベラ」に出向き、各々ステーキ10枚以上を完食。得意満面だった。一方で、武藤敬司ともコンビを組み、全日本プロレスの老舗大会『世界最強タッグ決定リーグ戦』に出場。「あえて飾らずに裸のまま」と、素顔のまま参戦した武藤が、なんとも自身らしかった。ムタ・ウォリアーを観てみたかった気もするが……。

逆に変身を厭わなかったのが前出のアレキサンダー大塚。2000年の9月、バトラーツが、今度はサーキット形式で彼らを招聘しようとしたが、ホークが体調不良で欠場。代役、「アレックス・ウォリアー」としてアニマルとともに奮闘した。さらに翌月に行われた「PRIDE.11」で大塚はマイク・ボーグに勝利（10月31日）。実は総合格闘技のリングにおいて大塚は、先に触れたマルコ・ファス戦以降は4連敗。だが、件のマイク・ボーグ戦ではわずか28秒、ダブル・アーム・バーで完勝。ウォリアーズ旋風を自らも体現したかのようだった。翌日、こんな内容のメールが届いた。

「おめでとう！　ウォリアーズのメンバーが強さを証明してくれて嬉しいぞ。またタッグ、組もうな」。

差出人は、アニマル・ウォリアーだった。

２０１７年10月6日、香川県でのファンとの交流の場に姿を現したアニマル。ご機嫌そのもので、ファンとの交流にも積極的。若い女性の希望を受け入れ、２人でハートマークを作って写真に収まる。自ら歓声をあげたかと思えば、そこにはファンが持参した80年代のウォリアーズのポスターが。何とも嬉しそうにサインを入れていたという。そして、定番の質疑応答も行われた。

――日本人レスラーで一番印象的だったのは？

「天龍さん。お酒が強かった（笑）」

――現役のレスラーで好きなのは？

「中邑真輔！　ＷＷＥでも観てるけど、とても良いね。実は、ウチの孫も彼の大ファンなんだよ（笑）」

――ネズミは美味しいですか？

「あれはね、食べるもんじゃないよ（笑）」

中に、印象的な言葉があった。

「今でも戦えるように、トレーニングは毎日欠かしてないんだ」

（……!!）

冒頭の知人からの写真。（お、確かにアニマルと写ってるな）と思った。そして、改めて気づいた。太い腕、万力を思わせる肩……。そこにいたのは、当時57歳ながら、現役時とほぼ遜色ないアニマルだったのだ。それは、とりもなおさず、ファンにとっては夢を一切壊さない、子供の頃、憧れたヒーローそのものの姿だった。

仲間を宝のように思い、自身とファンのために、己を鍛錬し続けたレジェンド。平成の30年は、日本におけるロード・ウォリアーズを、そんな素顔に戻していく過程ではなかったか。

DEBUT
10

1986.7.4

後楽園ホール

○スティーブ・ウィリアムス、ハクソー・ヒギンズ、ジョニー・マンテル

（体固め・11分17秒）

アントニオ猪木、坂口征二●、ジョージ高野

スティーブ・ウィリアムス

「手に負えない感じだなぁ」

（アントニオ猪木）

スティーブ・ウィリアムス
Steve Williams

1960年5月14日生まれ。コロラド州レイクウッド出身。オクラホマ大学でフットボールとレスリングの才能を発揮したのち、1982年にプロレス入り。1986年７月に新日本プロレスからの招聘により初来日、パワフルかつスピーディーなファイトで“殺人医師”の異名と共に注目を集め、、「猪木秒殺フォール事件」などで瑕瑾を遺す。1990年に全日本プロレスに参戦してからはテリー・ゴディとのタッグ“殺人魚雷”が話題となり、世界最強タッグ決定リーグ戦でに2年連続で優勝。1994年に三沢光晴を破り、３冠ヘビー級王座を獲得、本来の強さを見せつけた。2004年に癌であることを公表するも、その後も現役レスラーとしての活躍を続け、2009年12月29日に喉頭がんで死去。

小橋建太は、その夜、眠れなかった。

ウトウトしても、巡業バスが止まるたび、その振動で目を覚ますのである。バスは真夜中、試合のあった愛知県から、次の試合開催地の神奈川県まで移動中だった。小橋の首には、何枚ものタオルが巻かれていた。本人が言うには、「急場しのぎの、コルセット」。バスの停車の反動だけで、首が震え、痛むのだった。

1993年8月31日のことだ。小橋はこの日、メインのシングルマッチで完敗。すると、まさにその痛む首を押さえながら、自らの控室を出た。（急患レベルの重症なのに、どこに行くのだろう?）と、記者が後を追う。そして小橋は、行き着いた別の部屋のドアを開けた。

スティーブ・ウィリアムスがそこにいた。小橋はウィリアムスのハイアングル・バックドロップ3連発を食らい、一敗地にまみれ、また、首痛も負ったのだった。

それは、彼の初来日時から、いわくつきの技だった。

スティーブ・ウィリアムス。188㎝、123kgの体躯を持ち、見るからに頑健なボディは、幼少期から大のプロレス好きだった小兵力士、維新力から、「世界一、プロレスラーらしいプロレスラー」と心酔されたほど（維新力は後にレスラーになる）。その異名は、ご存知の読者も多いだろう、〝殺人医師〟。実際、日本での最初のリングである新日本プロレスの実況においては、こんな風に喧伝されていた。

「今夜も相手を倒すカルテは準備万端……」

実を言って、来日前より、極めて期待されていたレスラーだった。日本と初めて接点を持ったのが、1985年の12月25日。アメリカはテキサス州ダラスで、いきなり猪木との初シングルが実現。約2週間前に新日本プロレスで起こったトラブルがその一因だった。常連外国人だったブルーザー・ブロディがタッグリーグ戦の優勝戦をドタキャン。早急に外国人のエースを仕立て上げる必要があったのだ。その有望株として名プロモーターのビル・ワットに推挙されたのが、当時26歳のスティーブ・ウィリアムスだった。

その期待を背負い、翌1986年7月に初来日。初戦の6人タッグの相手には、もちろん猪木も名を連ねた。試合後の猪木は、こんな風に語った。「目力（めぢから）が違う。獲物を狙う目だね」高評価だ。同シリーズ最終戦の両国国技館大会では、メインで猪木との一騎打ちも組まれた（猪木のフォール勝ち）。付言すれば、先のダラスでの一戦も、既に『ワールドプロレスリング』内で放映されていた。同シリーズ中にタッグマッチで当たり、両者リングアウトに終わった前田日明も、こんな意見を述べている。「ウィリアムスに、場外乱闘や反則はやって欲しくない。もっと見せて欲しい。このままではもったいないよ」（7月25日／前田、藤原喜明 vs ウィリアムス、バッドニュース・アレンの試合後にて)。〝実力を(見せて欲しい)〟という意味だろう。プロフットボーラーとしての前歴も著名だったが、何より凄いのが、そのアマレスのキャリア。8歳から始め、大学選手権4連覇やオールアメリカンへの抜擢も。早い話、アマレス・エリートだったのである。

その実力者、ウィリアムスの査定に、眉がひそめられることになったのは、2度目の来日時である、1986年10月13日だった。

この日、新日本プロレスを放送するテレビ朝日『ワールドプロレスリング』は、慣れ親しんだ金曜夜8時の放送枠から、月曜夜8時に移行。初回かつ、改編期であることもあり、2時間の特番が組まれた。後楽園ホールからの生中継と、4日前に行われた両国国技館大会の録画放映の2本立てだ。後者は猪木と〝アリを倒した男〟レオン・スピンクスの異種格闘技戦。セミファイナルには、これまた大注目の前田日明、初の異種格闘技戦(vsドン・中矢・ニールセン)がラインアップされていた。前者はセミが新鋭、武藤敬司の凱旋帰国マッチ(vs藤波辰爾)、メインが猪木とウィリアムスの一騎打ちだった。事件が起こったのは、生中継の方のメインが始まった20時35分頃だったと思う。試合開始15秒で、ウィリアムスがロープに飛ばした猪木を受け止めると、ベアハッグから間髪入れずマットに叩きつけた。今で言うスパイン・バスターだが、当時はこの技の使い手が皆無だったことも確かだ。「1、2……」カウントが入る。「3」になっても、猪木は肩を上げられなかった。半失神していたのだ。「3」寸前でウィリアムス自らが猪木の左肩下に手を滑らせ、反転。猪木の秒殺フォール負けとはならなかったものの、場内の雰囲気は一変。目ざといファンが集まる後楽園ホールだ。客席からの、疑義を含んだ数々の怒声に支配されたのだった。間の悪いことに、この生中継は結果を待たず、直後に終了。録画中継のために残しておいた時間が来てしまったのだった（※結果は6分46秒、両者リングアウト）。

なお、失神騒動とは無縁ながら、そのまま入った録画中継では、前田が異種格闘技戦史上に残る名勝負を展開。対して猪木のそれは凡戦の域を出ず、少なくとも猪木ファンにとっては痛む上に塩を塗り込まれる2時間中継となったのだった。ちょうど、前田日明が、猪木の選手としての衰えを頻繁に口にし、物議を醸していた年でもあっただけに、間が悪かった。

同時に、意外なところで、猪木の百戦錬磨ぶりを知ることにもなった。前出の日本でのウィリアムスとの初の手合わせの際、目力を褒める傍ら、猪木は以下のコメントを続けていたのだ。

「受け身がいけない（＝良くない）とイカれちゃう。手に負えない感じだなぁ……」

実は既に、この言葉を体現させられる事故も起きていた。7月18日、タッグマッチでウィリアムスと当たった猪木は、超高角度のバックドロップを被弾。場内がざわめく程の一発に、猪木は腰を痛め、翌日の後楽園ホール大会を欠場してしまった。その当日、セミファイナル前の欠場の挨拶時に、ウィリアムスが乱入すると、猪木は何と鉄パイプを持ち出し威嚇。逆に言えば肉体面での不調が印象付けられた。この際は、シリーズ最終戦で戦うことが決まっていた両雄だけに、そちらへの期待感に流された部分もあったが、怪我をさせたのである。危険なことに変わりはなかった。

以降、ウィリアムスはチャンスに恵まれなかった。翌1987年10月25日、猪木の持つＩＷＧＰヘビー級王座に両国国技館で挑戦するも、同タイトル戦初のセミファイナル（※メインは藤波辰爾vs長州力）。しかも、猪木の左肩には巨大なバンテージが。実はこれ、トリックプレーで、本当に痛めていたのは右肩だった。つまり、ウィリアムスの目を眩ませたわけだが、そもそも観客が右肩の負傷自体をわかっていたかどうかも疑問だし、どこか漫画チックな取り回しに映った。ウィリアムスはこの試合、開始直後に自ら四つん這いに。アマレスでいうパーテールポジションだ。「どこからでもかかって来い！」というわけだ。結果はリングアウト負けしたが、ウィリアムスは試合後、ポツリと語った。

「強い猪木とやりたかった……」

この年の末、前田日明が長州力の顔面を蹴り、謹慎処分に。直後、専門誌のインタビューに答えたウィリアムスは、「前田よ、なぜ長州にやったように、俺の顔面を蹴って来なかった⁉」と発言。それだけの自信あってのことであり、一種の男気も見せる形となったが、前田は翌１９８８年３月、新日本プロレスから解雇処分になり、繋がりもなくなった。

1989年、ソ連（現ロシア）のアマレスラーたちが、プロ化して新日本プロレスに大挙襲来。今度こそ、アマレスで名を馳せたウィリアムスが主役となる時が来たかと思われたが、ソ連側の大将、サルマン・ハシミコフとの大一番直前に、左膝を負傷。ハシミコフは代替カードとして、ビッグバン・ベイダーの持つIWGPヘビー級王座に挑戦し、いきなりこれを奪取（1989年5月25日）。アメリカ人レスラーとしても、何とも罪の過ぎる欠場となったのだった。

転機が訪れたのは1990年2月の全日本プロレスへの転出。新日本プロレスが、それまで全日本と昵懇だったアメリカの組織、NWAと提携することとなり、代わりに全日本プロレスとの会談の上、新日本の常連外国人からトレード要員を出すことに。秘話を明かせばこの時、クラッシャー・バンバン・ビガロやオーエン・ハートも候補に挙がっていたが、〝人間魚雷〟テリー・ゴディの正パートナーをジャイアント馬場が探していたことでウィリアムスに決定。前年の夏に2人はアメリカのバルチモアで既に顔を合わせていた。

ゴディとの〝殺人魚雷〟コンビを結成したウィリアムスは、まさに水を得た魚。初年度（1990年）に撃破したタッグチームだけでもジャンボ鶴田&谷津嘉章、天龍源一郎&スタン・ハンセン、三沢光晴&川田利明、ジャンボ鶴田&田上明、ザ・ファンクス（ドリー・ファンクJr、テリー・ファンク）……etc。この年の「世界最強タッグ決定リーグ戦」はもちろん優勝し、さらには翌年の同大会も制覇。史上初めて、「世界最強タッグ決定リーグ戦」を連覇したチームとなった。文字通り、タッグとして最強だったのだ。噂を呼び、米団体WCWに招聘され、リック&スコットのスタイナー・ブラザーズと初対戦した際は、日本のハッピを来て入場。日本を代表して来ているという矜持を感じた（1992年6月16日）。

となれば、当然、次はシングルでの出番も期待される。1991年7月20日、三冠ベルトを保持する、ジャンボ鶴田への挑戦権が回って来た。会場は往年の名会場、横浜文化体育館。4900人（超満員）の観衆が集まった。だが、試合から5分過ぎのことだ。客から失笑が起こった。

「フフフ……」「ハハハ（笑）」「何か変……」「逆だ！　逆！」。サソリ固めの足を、上下逆にかけてしまったのだ。仕掛けたボディスラムが、途中で崩れてしまうシーンも。最後は鶴田のバックドロップでフォール負けとなったが、寸前に返したかに見える微妙なカウント。とはいえ、これに客が静寂で応えたことが、その内容を物語っていた。鶴田のコメントは以下のものである。

「大試合のプレッシャーがあったのかなあ？　攻めて来なかったね。実力の7割も出てないんじゃない？」

その年内は言わずもがな、翌1992年も、ウィリアムスは三冠のコンテンダーからは外れた。さらに言えば、翌1993年の夏に入っても……。

「バタバタして、何がやりたいのかわからない」（ジャイアント馬場）、「力は（自分とは）大人と子供だけど、あれで流れに沿って技を使い分けたら厄介だけど、天は二物を与えないね（笑）」

（三沢光晴）、「とにかく粗削りだよね」（川田利明）……。パワーまかせのファイトを示す、数々の評価。通り名の〝ドクター・デス〟も、本当はアメフトの選手時代に野次られた俗称。アイスホッケーのマスクをつけながらプレーをしたため、ホラー映画『13日の金曜日』のジェイソンのように見えたのだった。正面から突っ込み、40回以上は鼻骨を骨折していたための対処だった。レスラーになっても変わらぬ、直情的なスタイル。周囲からの評価に、マイナスのバイアスは否めなかった。

ウィリアムスが〝禁じ手〟を解いたのは、そんな最中の、1993年8月だった。

「あっ！」

「垂直落下っ！」

テレビ解説の百田光雄の叫びと、悲鳴に近い佐藤啓アナウンサーの実況（8月31日）。ウィリアムスは、過去には猪木を欠場に追い込んだハイアングルのバックドロップを解禁。そこから数えると、7年ぶりのことだった。それも3連発。あまりの急角度に、佐藤アナが言葉を足す。「バックドロップ・ドライバー！」。百田も気をもむ。「ちょっと……危ないですね、これは」。犠牲となったのが小橋であったのは、冒頭の通りだ。

きっかけは8月20日、シリーズ開幕戦がおこなわれた後楽園ホール入口に貼られた紙にあった。

「謹告　本日出場予定のテリー・ゴディ選手は、急病のため欠場を致します。あしからずご了承下さい」

ゴディはこのシリーズ、三沢光晴の持つ三冠統一ヘビー級王座への挑戦が決まっていた。だが、肝臓病でドクター・ストップ。空席となった挑戦者の座に、正パートナーのウィリアムスの名が挙がるのは自然なことだった。ところが、フタを開けてみればワンクッションが顕在。小橋建太と三冠王座の次期挑戦権をかけて戦うことになった。ウィリアムスが盟友と自分のために負けられぬのも確かだったが、小橋にとっても、千載一遇のチャンスだ。小橋はこの時まで三冠王座に挑戦したことがなかった。デビューして5年半、ようやく巡って来た好機だったのだ。

同試合のバックドロップ炸裂の直後、佐藤アナが叫んだ。「2週連続！」前週の放映である静岡大会（8月24日）でもこの〝デンジャラス・バックドロップ〟を見舞っていたのだった。つまり正式には、こちらが7年ぶりの公開。無論、見舞った相手は小橋だった。さらに言えば、ウィリアムスはバックドロップで、実は既に全日本プロレスの選手を1人負傷させていた。全日本における自身初のシングルマッチで、谷津嘉章を病院送りにしていた（1990年3月24日。後楽園ホール）。移籍して、まだ1ヵ月目のことであった。この時は、谷津の得意技であるブルドッキング・ヘッドロックから強引に引っこ抜いたゆえに勢いが付き過ぎたきらいもあったが、谷津は2本の肋骨骨折と頚椎捻挫で2週間の入院。そのまま、全日本プロレスには戻らず、同年できた新団体、SWSに移籍してしまった。

ウィリアムスの控室を探しあてた小橋。瀕死の体だが、その瞳は、爛々とウィリアムスを捉えていた。ウィリアムスも。思わず立ち上がった。次の瞬間。

2人はガッシリと、固く抱き合った。言葉は、ひとつもなかった。ただ、控室に再び戻る小橋を見送る、ウィリアムスの心配そうな眼差しが印象に残っている。後日、ウィリアムスは、こう振り返っている。

「相手が小橋だから、（超高角度）バックドロップを出した」

そして、小橋もこの試合について、「みんな必死なんだよ。その必死さのなかであの技（高角度バックドロップ3連発）が出た」とし、こう続けている。

「みんな危険な技って言うんだけど、プロレス自体危険なことで、技自体が危険なもの。（中略）しっかり受け身が取れるようにやっていくから、尊敬の意味も込めて『プロレスラー』だと言われる。誰でもできることをやっていたら、プロレスラーとは言えないんだよ」（『週刊プロレス』No.1906より）

この後、ウィリアムスは同技の封印を完全解除。一気に三冠戦線に躍り出た。3日後に行われた三沢との三冠戦は惜敗するも、バックドロップを炸裂。勝利後の控室で、若手にタオルでアゴを引っ張ってもらい首の詰まりを治す三沢の姿があった。翌年7月には1年経たずの再挑戦で、その三沢より三冠王座を奪取。初防衛戦の相手は、まさしく小橋だった。結果はバックドロップでウィリアムスが勝利するも、41分23秒の大死闘。三冠戦の試合タイムが40分を超えたのは、これが初めてだった。勝利したウィリアムスは、「マイ・ベストバウト！」と語り、惜敗した小橋は言った。「ノンタイトルでも、またウィリアムスとやってみたい」。

その後、2人は言葉通り、ベルトなくとも、日本各地で真正面からぶつかり合い、好勝負を展開。ウィリアムスがもろ手をあげ、望んだ力比べに、「うん、うん」と頷きながら応じる小橋（1996年4月10日）。この試合で小橋はウィリアムスから初勝利を奪い、派手なガッツポーズを見せたが、試合後、こう述べた。「精神と精神、肉体と肉体の戦いができて、それで勝てたのが嬉しかった。ウィリアムスもこういう闘いを大事にしてくれてるんだなって」。首筋を狙う、小橋の得意のケサ斬りチョップを受け続けたウィリアムスが、「もっと来い！」と、小橋に凄む場面も（1998年4月14日）。胸に放つ逆水平チョップであれば、耐え得る攻防はよくあるが……。勝利した小橋は、試合後、言った。

「今日来てくれたお客さんは、プロレスラーっていうものを、感じてくれたんじゃないかな？」。

それはこの上なく、満足気な表情だった。

2000年を最後に、小橋は全日本プロレスを離れ、ウィリアムスと疎遠に。だが、2007

年、ウィリアムスは小橋に突然、エールを送る。小橋は2006年6月、腎臓ガンが発覚し、長期欠場。一方のウィリアムスも先立つ2004年3月に、喉頭ガンを罹患。しかし、翌2005年8月、アメリカでリング復帰を果たしていたのだ。

「小橋が俺と同じエネミーにやられるなんて」と嘆いたウィリアムスは、こう言った。

「小橋との試合をビデオで見返すと、力が張ってくるんだ。小橋とこんな凄い試合をしたんだから、ガンになんて負けるわけがないと思って頑張ってきた……」

小橋が2007年12月、ウィリアムス同様、見事に復帰したことは、ご存知の読者も多いだろう。その小橋にも、秘めたる思いがあった。2009年10月25日、東京は新宿フェイスで行われる予定だったウィリアムスの引退セレモニーに、花束を持って駆け付ける意向があったのだ。

しかし、セレモニーは直前で中止に。ウィリアムスのガンの再発だった。訃報が入ったのは、12月29日だった。

ウィリアムスの自宅にはその最期まで、小橋との一騎打ちの写真が、大きく飾られていたという。

DEBUT
11

1988.2.26

滋賀県・栗東町民体育館
◯大熊元司（体固め・4分48秒）小橋建太●

小橋建太

「60分戦っても平気なオレが……」

小橋建太

Kenta Kobashi

1967年3月27日生まれ。京都府福知山市出身。高校卒業後にサラリーマンになるもプロレスラーになるため2年で退職、1987年全日本プロレスに入門し、翌年2月26日、栗東町民体育館での大熊元司戦でデビュー。1995～1997年に三沢光晴とのコンビで世界最強タッグ決定リーグ戦3連覇、1996年に三冠ヘビー級王者を戴冠するなどの大活躍を見せる。2000年からはプロレスリング・ノアに移籍、2003年GHCヘビー級王座獲得以降13度の防衛に成功するなどの記録を誇るが、2006年に腎臓がん発覚により長期欠場。2007年12月、546日ぶりに日本武道館にて復活し、その後も活躍を続けるが、2013年5月11日、「FINAL BURNING in Budokan」小橋建太引退記念試合興行にて引退。

三沢光晴が言った。

「痛いねえ、クタクタだな」

限界めいた表現を口にするのは、珍しいと思った。日付は2004年の7月10日。NOAHが主催した初の東京ドーム大会の試合後のことである。三沢はセミファイナルで小川良成と組み、当時、全日本プロレスの武藤敬司、太陽ケア組に勝利していた。だが、この言葉は、自らを指したものではなかった。

「ちょっと辛いというか、苦しい闘いをさせちゃったかな？　っていう……」

それは、自分の後に行われたメインイベントの総括であった。小橋建太vs秋山準が開催され、35分34秒、小橋が勝利していた。

この顔合わせを見るだけで、三沢の所感に合点がいった読者も少なくはないと思う。全日本プロレス所属時代から続く三沢、川田、小橋、田上の四天王、そしてそれに秋山準を加えた5強内のシングル対決は、常に熾烈を極めた。90年代半ば、当時のFMWのエース外国人、ザ・グラジエーターは、彼らの攻防をたまたまテレビで目の当たりにし、こう呟いたとされる。「俺にはとても無理だ……」。中でも小橋を中心とするそれは、時を経て、もはや伝説化していると言っても過言ではない。

阪神大災発生の2日後に行われ、被災者を勇気づけた川田利明との60分フルタイム戦。自身が三冠統一ヘビー級王者として初めて三沢を迎え討つ際は、前日、母親に電話で「もし俺が死ぬようなことがあっても、三沢さんを恨まないでくれ」と言い残した（1997年1月20日）。三沢との一騎討ちは、1997年10月21日、1998年10月31日、2003年3月1日と3回、東京スポーツ制定「プロレス大賞」のベストバウトに選出。もちろん同一試合では最多受賞。ラストの試合は一度観ると、なかなか記憶からは消せない、花道から場外への三沢の投げっ放しタイガー・スープレックスが炸裂（ちなみにその瞬間の実況アナの絶叫は「死んでしまう！」。解説の高山善廣は、「うわぁ……」と、ただ、うめいている）。試合後には観戦していたZERO-ONE（当時）の外国人選手（ザ・プレデター、トム・ハワード、スティーブ・コリノ）がリングに上がり、勝利した小橋に握手を求めるという珍事も。特にその後の交戦もなく、つまりは、純粋に試合に感動しての行動であった。この試合で、小橋は三沢からGHCヘビー級王座を奪取。その後2年間、13回の防衛に及ぶ〝絶対王者〟時代を構築した。今でこそベルト自体もモデルチェンジしたが、伝説的な偉業を築いたわけだ。文頭の秋山戦は、この9度目の防衛戦。内容の苛烈さはピークに達した。

小橋がエプロンから場外へのブレーンバスターを見舞えば、秋山はコーナー2段目から場外へのエクスプロイダー。同技はコーナー最上段からリング内へも炸裂。危険な攻防とする向きもあろう。だが、小橋自身はその攻守の源を、こう語る。「危機感によって切磋琢磨が生まれ、お互いを向上させていく――その繰り返しこそが〝四天王プロレス〟」「危険な技を出しても『絶対にアイツなら受け切ってくれる！』という信頼感があった」「他団体でも同じような危険な攻防をする選手がいると聞きましたが、それはあくまでその選手たちの試合であって、〝四天王プロレス〟とは違います」（ワニブックス『小橋健太、熱狂の四天王プロレス』より）。この試合、勝ったのは小橋だったが、四天王にプラスして5強に名を連ねる秋山のコメントは、「体がこんだけ痛いってことは、そこそこできたんじゃないかと思いますよ」というもの。クールな秋山が自らの試合を高評価した、滅多にない瞬間だった。

加えてこの翌年の2005年には、これまた東京ドームで至高の名勝負とされる佐々木健介との一騎討ちがあった。合計213発のチョップの打ち合いは、まさに大熱闘。解説のマイティ井上の「あそこまでやると、もう、自分の手のほうが痛いと思うんですけど」という言葉もむべなるかな。後年、アメリカに遠征に行ったある日本人選手が、現地のマニアに「凄い試合のビデオを持っているんだ」と自慢され、見てみれば、この小橋vs健介だったというオチまでついている。

そんな数々の死闘を経て来た小橋が、「生涯で一番キツかった試合」を聞かれた時の答えは、一定している。だがそれは、他の四天王＋秋山戦ではなく、佐々木健介戦でもなく、他の大物外国人選手相手でもなかった。

その相手はベテラン、大熊元司であった。

会場は滋賀県の栗東町民体育館。試合タイムは4分48秒。小橋は負けた。時は1988年2月26日。小橋はこの試合で、プロ・デビューを果たした。

ジャンボ鶴田vsミル・マスカラスを観てプロレスに憧れ、クッキーの缶と段ボールで、チャンピオンベルトを模造する。そんな、当時にはよく見られがちなプロレス少年だった。作ったのはNWA世界ヘビー級王座。こちらを通算7度獲得したレジェンド、ハーリー・レイスが〝ミスター・プロレス〟の異名を頂いたように、文句なく当時の世界最高峰に位置するベルトである。〝ベルトと言えば〟と来て、至って奇をてらわないそのチョイスが、逆に何とも小橋らしかった。

目指すは〝王道〟の全日本プロレス。1987年6月に入門し、8カ月後、前述のデビュー戦を迎える。改まるが、そのフィーリングは小橋自身の回顧に明らかだった。

「60分戦っても平気なオレが、あの時は4分48秒で息が切れてヘロヘロになった。心臓が破裂しそうになったことを覚えているよ」

こちらは2003年2月26日、茨城・水海道市民体育館にてのコメント。よくよく見ればデビュー15周年の日付なのだが、だからこそのリップサービスの類では決してなかった。「とにかく息が切れて呼吸はまともにできなくなるという状況になってしまった」「〝これがプロなのか〟というふうに、物凄くキツかった」(『小橋健太　青春自伝　熱き握り拳』より)。「4分48秒。細かいタイムまでいまだにハッキリ覚えているのは、5分にも満たない短い時間が、異常にキツかったからだ」「その後、30分、60分の長い試合を経験していくことになるが、キツさで言ったらデビュー戦のわずか4分48秒に敵わない」(『自伝小橋建太　悔いはない』より)。

小橋はそもそも最初、全日本プロレスから入団を断わられていた。

夢のためサラリーマンを辞め、トレーニングに勤しみ、体重が100kgを超えた20歳の時点で、満を持して入門願いをしたため、全日本プロレスに送付。ところが、待てど暮らせど返答はなく、ようやく全日本から返信が来たかと思えば、『入門を許可するわけにはいけません』『不合格』の文字。目の前が真っ暗になったが、すぐに気を取り直し、「何かの間違いだろう」と全日本に電話をかけた。すると、先方の担当から言われた。

「う〜ん、20歳という年齢がねえ……。普通は高校を卒業してから、すぐに来るもんだけど……」

「でも、20歳を超えて入った人は、たくさんいるじゃないですか！　今、いらっしゃる北原(辰巳。後に光騎)さんは22歳で、菊地毅さんは23歳で……」データがスラスラ出て来たのは、〝自分が今、入れば、この人たちが同期になるな〟という夢想をよくしていたからだった。しかし、そんな夢は、無残にも打ち砕かれた。

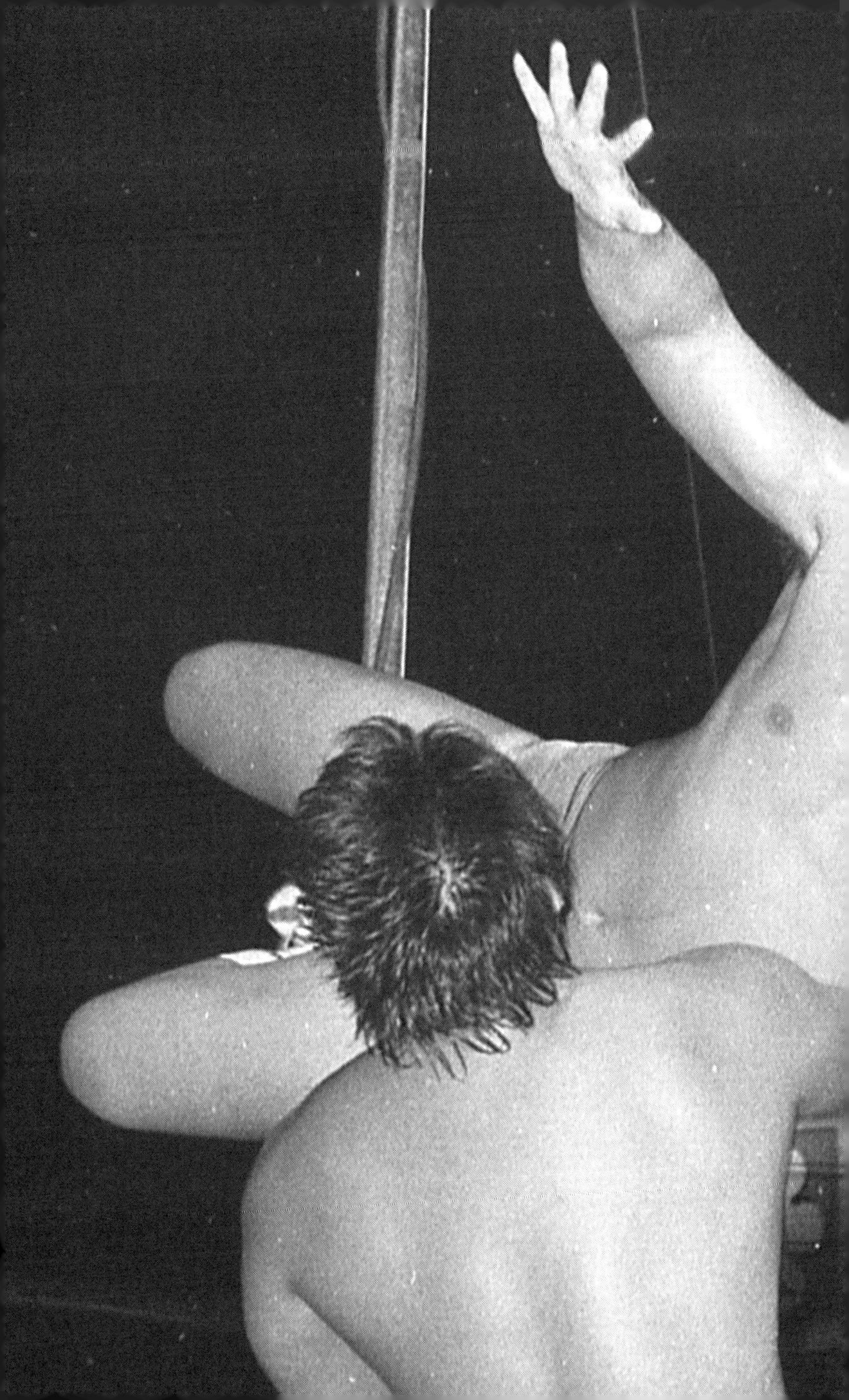

「菊地くんはアマレスの学生チャンピオンだし、北原君はシューティングのインストラクターの実績がある。君は何もないだろ？　それじゃあ」電話は切れた。

小橋の格闘技の実績は、中学、高校時代、部活でやっていた柔道しかなかった。最高位は、無差別級優勝。地元・京都府福知山市大会でのことだった。

「どんなことでも、一生懸命な部員だった」と、柔道部の恩師の高橋征夫は語る。内股の練習、特に足の運び方を小橋が1人で何度も繰り返し、模索していた時だ。ずっと恩師が熱視線を注いでいた。なので、小橋は聞いた。「どうすれば技の切れが、もっと良くなるでしょうか？」。だが、返って来た答えは、極めて意外なものだった。

「うん、それはお前が悩んで決めろ」

「!?」

「どんな時も、とことん悩め。その中に答えがある」

「小橋が内股の練習をしていた時ですね」と、高橋は懐かしげに振り返る。「その時の小橋は、力が入り過ぎていて、結果、自分の体勢が崩れるのを、自分で怖がっているように思えた。だから、『悩んでもいいから、とにかくやってみろ』という気持ちでした。『悩んだ挙句にお前自身で出した答えでなければ、結局、お前のものになんてならないよ』と」。

この件に関する、小橋の本心が明かされたインタビューもある。「『答えが出てこないから、相談しているのに』と当時は不満でしたね。高校3年間で強くなれるよう、効率の良い方法を教えて欲しかったのです」(『読売新聞』2019年4月26日・朝刊)。しかし、こう続く。「でも、先生の言葉は正しかった」

全日本入門の道を閉ざされた後、考えたが、諦めきれなかった。元プロレスラー、遠藤光男のツテを頼ると、「一度断られてるから、新日本か全日本になるかわからない」と言われた。いざ、全日本に改めて挨拶できることになると、テストもなくあっさりと入門を許可され、拍子抜け。ところが以降、全日本からの連絡は来ず。自分で事務所に連絡し、押しかけ入門。出向いた初日に、角界からの大型新人、田上明と間違えられてマスコミに写真を撮られたのは有名なエピソードだ。ザ・グレート・カブキの計らいでジャイアント馬場の付け人に任命されるも、馬場からは「俺はお前を付け人にした覚えはない！　帰れ！」と一括された。あの温厚な馬場が、である。これだけ見ても、期待されていたとは、言えなかった。

そして、デビュー戦での苦杯。因みに菊地毅とは同日デビュー。今ではちょっと信じられないが、2人の初陣を同枠で報じる当時の『週刊プロレス』には以下の見出しが。「『名は体をあらわす』とは逆で、大きい方が小橋デス」。菊地がジュニアヘビー級の体格だからこその見地。当時の全日本の若手勢は先に挙げた北原、田上の他にも、これまた大相撲出身の高木功など、有望株揃い。何の実績もない小橋は、どことなく、唯一のからかいの対象にも映った。

努力しかなかった。次々に技を教わる〝金の卵〟高木功、田上明の練習台になれば、「将来、当たった時のために、受け身の勉強をさせてもらってるんだ」と言い聞かせた。ロード・ウォリアーズが来日すれば、頭を下げ、筋力トレーニングのやり方を請うた。アマレスの経験がないゆえに、関節技の得意なマレンコ兄弟のもとへ日参し、一緒に練習して貰えるよう頼んだ。外国人選手と当たれば、タッグでも結果は常に小橋が敗退。だが、考え方を変えた。「なら、やられっぷりのいい男になってやる。そして、どんなにやられても平気な、頑丈な体を作ってやる！」。気づくと、外国人選手の方から、「小橋とやりたい」の声が出て来ていた。とはいえ、若手として憧れのアメリカ、アメリカ修行を口にすると、馬場は怒った。「もうアメリカに学ぶもんなんてない！　俺の前でアメリカ、アメリカ言うな！」。ほどなくして、小橋の初のタイトル挑戦が決まった。標的はアジアタッグ選手権。パートナーは馬場だった。「小橋を殺すには、ダンベルを取り上げればいい」とされたほどの遮二無二な練習ぶりを、先輩たちが冷やかした際、その場にいた天龍源一郎が彼らに告げたのは有名だ。

「お前たちは将来、コイツに食わせてもらうことになる」

先の新聞でのインタビューは、「高橋先生が『悩むこと』と向き合わせてくれたから今の自分があるのでしょうね」との感謝の言葉とともに、こう締められている。

「人生にてっとり早い方法などないんだと教えてもらった」

2003年より、総合格闘技ブームの最中、GHCヘビー級王座を奪取し、守り続けた小橋。2004年4月25日には、日本武道館でその8度目の防衛戦。同日同時刻には、さいたまスーパーアリーナで「PRIDE」の大会が組まれていた。小橋に挑戦して来たのは、本来ならその「PRIDE」を主戦場にしていた高山善廣だった。「小橋戦を選んだ理由？ それは、俺がプロレスラーだから。プロレス最大の闘いに出るのが務めだから」（高山）。大死闘の末、勝利した小橋はリング上で言った。「プロレスファンの皆に、プロレスの力というものを見せることができたと思います！」。そして冒頭の秋山戦後でも、5万人を越える観客を前に、こう叫んだ。

「プロレス、最高です！」

翌2005年9月、小橋は遂に生涯初めてかつ、念願のアメリカ遠征に出た。NOAHと交流のあったレジェンド、ハーリー・レイスの団体、WLWへの登場だったが、初戦の前日、レイスから本人のフィギュアをもらった。ただのプレゼントかと思いきや、伏線だった。翌日、小橋が試合に勝利すると、何故か直後にレイスがリングに上がり、マイクを持ったのだ。

「〝ミスター・プロレス〟という称号を、他人に与えられる権利があるのはこの世で私だけだ」と、自分を語る。そして言った。

「この名を継ぐのは、小橋こそふさわしい！」

実はレイスは前年、NOAHに招待され、件の東京ドーム大会を観戦。メインの小橋vs秋山に深く感銘し、「自分が観て来た中でのベストバウト」と賞賛していたのだ。前日、小橋に渡した自身のフィギュアの外箱にも、既に英語でこう記していた。「ミスター・プロレスの名は、小橋に譲る」。そして、この日、「その証を、今からプレゼントする」とし、ベルトを持参。小橋に巻かせた。それは、小橋が幼少期より憧れていた、NWA世界ヘビー級王座であった……。

されど、翌日、小橋は自ら同ベルトをレイスに返却。「非常に嬉しく、光栄でしたが、このベルトが似合うのは、やはり僕の中では、レイスさんしかいないのです」とした。決して尽きることない先人への崇敬の念が、そこには感じられた。


小橋は2013年5月11日、ラストマッチを行い、引退。その際、「現王者に申し訳ないとは思ったけれど、最後のわがままを聞いてもらった」といういでたちで、生涯最後の入場を果たした。その腰には、三沢から奪取し、高山、秋山らと名勝負を闘い抜いた時代の、GHCヘビー級のベルトが、燦然と輝いていた。

DEBUT
12

1992.6.25

福島市体育館
◯山本広吉（逆エビ固め・6分32秒）大谷晋二郎●

大谷晋二郎

「僕の今からの目標は、
アントニオ猪木、藤浪辰爾、そして……」

大谷晋二郎
Shinjiro Otani

1972年7月21日生まれ。山口県山口市出身。幼少期から熱心な新日本プロレスのファンになり、アニマル浜口ジムを経て、1992年新日本に入門、同年6月25日デビュー。1997年の第5代ジュニア7冠王座をはじめ、幾多のタイトルを獲得する。2001年ZERO-ONE旗揚げに参加、シングルマッチ大会「火祭り」優勝、田中将斗とのタッグチーム「炎武連夢」で2002年プロレス大賞最優秀タッグ賞受賞などの活躍を見せ、2005年にZERO1-MAXを発足、代表となる。2006年AWA世界ヘビー級王座、2009年世界ヘビー級王座を獲得するなどの邁進を続けるが、2022年4月10日「ZERO1旗揚げ20＆21周年記念大会」興行の試合中の負傷で緊急搬送、「頸髄損傷」と診断され、2023年現在は治療＆リハビリ中のため長期欠場中。

教科書の、130ページ目を開けてみよう。こう書いてあった。

「プロレスラーたるもの、テレビで噛んではいけない。ただし、面白ければOK」

近い、133ページには、こうあった。

「プロレスラーたるもの、テレビ出演の後は飲みに行かなくてはならない」

大谷晋二郎の持つ、『プロレスの教科書』からである。


いわば、大谷による、プロレスにまつわる箴言集である同書。とはいえ、筆者がこの仕事をしていて、プロレスに明るくない方に本当に何度も聞かれたのが、「どこで売ってるんですか？」「幾らくらいなんですか？」。こちら、大谷が自身の試合後、リング上、もしくはコメントルームで、「プロレスの教科書、○○ページ」とし、数々のプロレスに対する金言を披露する、いわば名物パフォーマンス。印刷されたそれが元からあるわけでなく、現物がもしあったとしても大谷自身しか知らないという、門外不出のそれである。よって、時に、教科書なのに袋綴じになったり（内容は、「リーグ戦で優勝するのは大谷」とあった、らしい）、対抗した小島聡が「俺は『プロレスの経典』を持ってる！」と言い出し、こちらは（手作りの）実物も持ち出すなど、なんとも自由度の高いプロレス人気アイテムである。

とはいえ、内容を紐解けば、そこには大谷の、プロレスへの一途で熱い思いがほとばしる。

「プロレスラーたるもの、骨が折れても心は折れん」（P18）、「やる気があれば、ヘビーもジュニアも関係ない」（P66）、「熱い気持ちがあるなら、そのまま熱いアピールをしろ」（P37）……。

プロレスの宣伝カーを観るとすかさず追いかけ、助手席に「（興行用）ポスターをください！」と叫ぶような少年時代だった。スーパーの幟を改造して、新日本プロレスの応援旗に変えたことも。故郷の山口県山口市に、贔屓の新日本プロレスが来るのは年に1、2回。よって生観戦は最大のイベント。猪木の〝闘魂〟グッズを中心に身を固め、先のポスター奪取の件も含め、新日本プロレスの営業部では「山口の、あの少年」としてすっかり有名人に。ところが小学校高学年になると、その元気が一変。息遣いが荒くなり、息苦しさも。中学に進級後、診察してもらったところ、こう言われた。「気管支に腫瘍がある」これを大谷自身が述懐する。

「プロレスラーは超人であり、常人とは違う。いろんな挫折を味わい、それを乗り越えてこそなれる。そう信じていたので、苦労はむしろ歓迎でしたね」（『読売新聞』西部朝刊・山口県面／2011年7月9日付）

手術をすると心肺機能に影響があると言われ、「気合で治す」と言って聞かない大谷に家族も悩んだ末、自宅療養させることに。半年が過ぎた頃、医者に驚かれた。「腫瘍がなくなってる！」。……そういえば、教科書191ページ、並びに、175ページには、こうあった。「どんな困難があっても乗り越えろ!!」「どういう状況であれ、勝利の女神はあなたを待ちわびている」……。

高校進学後、アマレス部で活躍。2年生の秋、県大会の決勝で「バキッ」という音が体内から聞こえたかと思うと、そのままダウン。病院に担ぎ込まれ、診断は、腰椎骨複雑骨折。半年間の絶対安静を命じられた。「いつアマレスの試合に復帰出来ますか?」と聞く大谷に、医者は呆れて返した。「普通の生活に戻れるかどうかが、かかってるんですよ!」。

高校3年生となった翌春、大谷はアマレスの試合に復帰していた。患部の腰には負担がかからぬトレーニングをそれこそ病床でもひそかに続け、肝心の腰が治ると、復活後はさらに強くなっていた。「熱い男は、挫折しても、落ち込んでいる暇はない」とは『プロレスの教科書』207ページの言葉である。

ここまで来れば読者にもわかるだろう。大谷の夢は、もちろんプロレスラーになること。しかも、プロレス好きは父からの影響だった。毎週金曜夜8時に『ワールドプロレスリング』を観終わると、父、そして弟(まれに妹)も含め、プロレスごっこをした。

高校卒業後の、上京を決めた。浅草にあるアニマル浜口ジムに入り、プロレスラーを目指すのだ。その直前、父とのこんな会話があった。

「上京した夜の宿泊代だけは、頼ってくれ」

父からの申し出だった。さらに、上京してから、「仕送りをしようか?」と電話をかけると、息子は気色ばんだ。「僕がどんな気持ちで上京してるのか、わかってない！」。『プロレスの教科書』10ページには、「周りがみんな、大丈夫か？　と心配するような状況になった時、本物のプロレスラーはそれを武器にする力がある」とある。また、99ページには、「ドン底を見れば見るほど真のトップに近づく」と。ただ、繰り返せば、これらは、大谷がプロレスラーになってから発せられたものである。

対して、父親が携えていたのは、教科書は教科書でも、現実のそれだった。

「大学に進学して、指導者になってくれればという思いはありました」と、父・裕明さんは回顧する。進学先の山口県鴻城高等学校は、元は海軍兵学校の予備校で、また、現行では普通科の他に看護科も併設。なにより大谷家が教育者の家系であり、裕明さん自身も塾講師だったのだ。中学、高校生向けの英語塾を経営していた。授業は、問い合わせ電話番号の下4桁が「4594（シゴクヨ）」となっているように、目に見えたスパルタ方式。答えを間違えると、自席から部屋後ろの押し入れへ〝降格〟。さらに間違えると、その上段へ移動。またさらに誤答すると天井裏へ……。正答すると自席に戻れるというスタイル。もちろん、他の協力など、望むべくもなかった。「失敗しても、頑張ればやり直しは聞くし、自分1人の力でも、道は開けることを教えるため」（裕明さん）。この方式で1974年より50年近く、2000人以上を受け持ち、例えば、俳優の川野太郎はこちらの卒業生である。

晋二郎自身が裕明さんの仕事場である塾に久々にやって来たのは、18歳の高校3年生の冬。いきなりの土下座が、プロレス入り希望を物語っていた。腫瘍も複雑骨折も自身で克服した息子が、言っても聞かぬ性格であることは誰よりも承知。だから、こう答えるしかなかった。「わかったから、頭を上げろ」。上京の2ヵ月前には、晋二郎から薄い封筒を渡された。手紙だった。そこには、プロレス入りを許してくれたことへの感謝とともに、こう結ばれていた。

「僕の今からの目標は、アントニオ猪木、藤浪辰爾、そして、大谷裕明です」

「もう、しょうがない。植物状態になって帰ってくることも覚悟しなきゃいけない。切なかったね」（裕明さん／前出『読売新聞』より）。お年玉を貯めた5万円とともに上京。アパート探しからして大変な苦労だった。独立独歩を旨としていたため、保証人が立てられなかったのだ。

だが、本当の孤闘が始まったのは、1992年2月、新日本プロレス入りしてからだった。

90年代前半の新日本プロレスは、有能な若手の宝庫だ。1990年デビューの天山（当時、山本）広吉、金本浩二を始め、翌年には小島聡、西村修がデビュー。大谷自身は1992年6月デビューだが、同年には、さらに強力な布陣が控えていた。

新日本プロレスは1991年に有能なアマレスラーを入社させ、支援する「闘魂クラブ」を創設。翌1992年は、彼らがプロデビューした当たり年だった。永田裕志（9月）、石沢常光（ケンドー・カシン）（9月）、そして、中西学（10月）。それらを統べていたのは現場監督、そしてアマレス五輪代表の肩書きも持つ長州力。内々の話にはなるが、この3人と長州が歓談していた際、大谷が入ろうとすると、「お前は入るな！」と長州に言われたことも。大谷だってアマレスに専心していたのだが……。当時のインタビューでも、「なんであの3人だけ、って気持ちは強くありました」（『週刊プロレス』1993年2月9日号）と吐露している。

大谷に限らぬが、忙殺された新弟子時代。付け人を務めていた橋本真也のために、トレードマークの白い鉢巻きを自分で複数用意するのは序の口（試合のたびに客席に投げるため）。そのコスチュームを洗濯するコインランドリーが街中になく、真夜中、一般家庭の呼び鈴を鳴らすのも、地方では日常茶飯事。乾燥のため、ホテルのボイラー室を借り、濡れた衣類と一緒に寝た。先輩の後藤達俊に飲みに誘われれば、もちろん断れないが、困ったことに後藤に酒乱の気があり、目が座って来るとさりげなく凶器になりそうな灰皿やグラスを隠していた。

1992年6月25日、福島県立体育館でデビュー。肩書なき新弟子の通例で、その日、巡業バスが会場に着くころに初陣を言い渡される慌ただしさだった。「あっ、大谷。今日、試合、入ってるから」（田中秀和リングアナ）。先輩の天山（山本）に6分弱で負けた。それからしばらくして、父・裕明のもとに、晋二郎から封書が届いた。

以前の、プロレス入りを許してくれた御礼を伝える手紙より、明らかに厚い封筒だった。

（……？　厚い……）

今日、デビューする旨を橋本に言うと、肩に手を置き、言ってくれた。「思いっきり闘って来い！　観てるからな！」。入場直前、緊張で逃げ出しそうになっているところに近づいて来たのは後藤達俊。いきなり大谷を張った。「かなり緊張してるな！　頑張って来い！」。緊張が取れ、がむしゃらに戦うも、敗れた大谷の耳元で、天山が囁いた。「四方に向かって、お客さんに礼をしろ」……。そういえばバスの中で田中リングアナがデビュー戦を伝えると、小さくだが永田、石沢、中西が拍手をしてくれた。敗戦後の礼の際、客の1人がかけてくれた声援は、今でも覚えている。「大谷！　ずっと応援するからな！」。

試合後、現場監督の長州力に言った。「お蔭様でデビューさせていただきました！　本当にありがとうございます！　これからもよろしくお願いします！」。長州は答えた。

「お疲れさん」

それは、長州が自分にかけてくれた、初めてのねぎらいの言葉だった。気がつくと大谷は、試合後の客の声援から、ずっと泣いていた。

封筒を開けた。入っていたのは、新弟子の苦労を綴った手紙でも、プロレスへの思いを綴った書面でもなかった。大谷がプロレスラーになってからの初月給が、そのまま入っていた。

2022年4月、大谷は試合で頸椎を損傷。首から下を満足に動かせぬ状況ながら、リハビリに邁進。その傍ら、日々、SNSでプロレスへの熱き思いを発信。現状のみならず、思い出話や、プロレス好きの病院関係者との毎日を、明るく綴っている。

「プロレスラーが暗い顔してて、誰がプロレスを好きになるんだ。プロレスラーが思いっきりプロレスを楽しんでなくて、一体誰がプロレスを好きになるんだ！」（『プロレスの教科書』P10 0）

2023年9月27日のX（旧ツイッター）のポストに、こうあった。

「父さんに労いの言葉を記しLINEを送ると、数秒後にこんな返信が送られてきた。

『お前の方がずっと凄い』」

これからも大谷晋二郎は、全力でプロレスラーとして生き抜いて行く。

DEBUT 13

1992.9.14

島根・松江市総合体育館
○山本広吉（逆エビ固め・8分8秒）永田裕志●

永田裕志

「プロレス歴では下ですが、格闘技歴では僕の方が上」

永田裕志
Yuji Nagata

1968年4月24日生まれ。千葉県東金市出身。高校時代からレスリングを始め、大学時代に全日本学生選手権で優勝を果たすと、1992年新日本プロレスに入門。9月14日、山本広吉（現：天山広吉）戦でデビュー。1999年、中西学とのタッグでIWGPタッグ王座に君臨したのち、2001年「G1 CLIMAX」優勝、2002年にはIWGPヘビー級王座を奪取、当時の連続最多防衛記録V10を達成する。2005年「チーム・ジャパン」結成、2007年「NEW JAPAN CUP」優勝、2008年IWGP王者返り咲き、2009年青義軍結成、2014年GHCヘビー級王座奪取、2016年NEVER無差別級王座奪取と話題に事欠かない活躍ぶりを見せつけ、2023年 2月19日、宮原健斗を下し三冠ヘビー級王座を奪取、メジャー団体（新日本、全日本、NOAH）完全制覇を達成した。

相手が張った。それも、何発も何発も。しかし、永田裕志は張り返さなかった。相手は桜庭和志&柴田勝頼であった（永田のパートナーは後藤洋央紀）。

桜庭&柴田と言えば、2000年代、総合格闘技のリングでも名を馳せた辣腕。2012年の後半よりは、新日本プロレスに登場し、リングを席捲していた。張り手を見舞っていたのは、柴田勝頼だ。なるほど、ここは総合格闘技ではなく、プロレスのリング。永田はその殴打に耐え抜き、受けの強さを見せようという決意か。だが、違っていた。

この時、既に試合自体は、終っていたのである。勝ったのは永田組だった。だから試合後、柴田が悔しさから張るのはわかる。しかし、永田はなぜか、頑なに張り返さなかった。

2013年4月7日、両国国技館大会でのことである。

永田裕志と言えば、これを書いている2023年時点で、メジャー3大王座（IWGP、三冠統一ヘビー級、GHCヘビー級）を制覇した重鎮。それどころか、同タッグ王座も手中に収めており（全日本プロレスは世界タッグ選手権）、これは史上、4人しか達成してない快挙である（他の3人は高山善廣、武藤敬司、小島聡）。

何しろ2年先輩の山本広吉（現・天山広吉）に挑んだ、デビュー戦後のコメントからして凄い。

「プロレス歴では下ですが、格闘技歴では僕の方が上」

永田は高校からアマレスを始め、学生選手権や大学グレコローマン選手権も制覇した実力者。試合後の悶着があった先ほどのタッグマッチで当たった桜庭とも、日体大のアマレス部時代、既に他校の後輩として遭遇している。ちなみに柴田は、もちろん新日本プロレスでの後輩だが、こちらとの初のシングルマッチでも、試合後、ちょっとしたイザコザがあった。柴田の所属ユニット、魔界倶楽部の面々の乱入によりリングアウト負けした永田が激怒、憤怒の表情で強烈な膝蹴りを何発も柴田の顔面に見舞ったのだ。直後の2人の互いへのコメントは以下のものである。「この結果で満足するならアイツも終わりだろ」（永田）、「アレがアイツの本性だろう。あの怖い顔が」（柴田）（2003年6月13日）。

だが、これらの試合や、やや大言壮語めいたデビュー戦とは比較にならぬほど、永田の試合後の動向が注視された5日間があった。それも、プロレス・ファンのみならず、全格闘技ファンから。それは、2001年12月31日から2002年1月4日の出来事だった。

「何だこれは!?」

実況席の古舘伊知郎が叫ぶ。

「いきなり決まってしまった！」

場所は、さいたまスーパーアリーナのリング。日付は2001年の大晦日。古舘伊知郎は19

87年3月に『ワールドプロレスリング』のレギュラー実況を引退。以降、1988年8月の猪木vs藤波。次いで、1998年4月の猪木の引退試合を除き、プロレス&格闘技系の実況はして来なかった。そんな同氏が3年ぶりにその席に座っていること自体が、大会の貴重性を物語っていた。

〝K−1軍vs猪木軍〟1990年代後半より勢いを増していた立ち技及び総合格闘技は、遂にプロレスを侵犯。アントニオ猪木が率いる猪木軍と、石井和義館長（当時）率いるK−1軍が、この日、全面激突することに。7vs7の対抗戦のセミファイナルに永田は登場。相手はミルコ・クロコップ。ミルコは、同年の8月19日にプロレスラー、藤田和之に39秒、TKO勝ちし、早くも〝プロレスラー・ハンター〟の異名を貰いつつあった。

結果は、21秒、レフェリーストップ。出だしのミルコのハイキック1発で永田が昏倒し、そのままパウンド攻撃でゴング。先ほどの古舘の叫びが被さったのだった。

試練はここからだった。永田はこの4日後、新日本プロレスの恒例〝1・4〟東京ドーム大会で、メインイベントを務めることが決まっていたのだ。秋山準の保持するNOAHの至宝、GHCヘビー級王座への挑戦試合。肉体的ダメージもそうだが、何より精神的なそれが危惧された。

しかし、試合前日、行われた調印式に、永田はやって来た。珍しくサングラスをかけていた。翌日、メインは予定通り挙行。「ナガタ―、ユージ―」とコールされた際、永田はいつも掲げる右の拳を挙げなかった。試合は好勝負の末、ワンハンドクラッチ式エクスプライダーに敗退。リング上で、それこそミルコに負けた直後も流さなかった、大粒の涙を流した。試合後、こうコメントした。「張りつめていた気持ちがプツッと切れたら、こみ上げて来た。2001年が、終わったってことで……」後日、厳しい世間の目にさらされたこの5日間を、こう述懐している。

「そこから逃げてはダメだと思った」

最初は、格闘性を標榜するUWF系の団体に入団したかった。高校時代からアマレスで凌ぎを削った鈴木みのるとは、大学3年生になってから再会。「俺、こいつに二度、(アマレスで)勝ってますよ」と言うみのるに、「今なら大学の学生チャンピオンだし、負けるわけがない!」と言い返したこともある。4年生となり、入団を狙ったのはUWFインターナショナル。同団体の田村潔司に相談を持ち掛けてみた。すると、瞬く間にその噂が業界を席捲。アマレス界のホープを、各団体が放っておくわけがなかったのだ。

そんな中、しかし、1992年のイラン遠征で永田は敗退。オリンピック入りを逃す。帰国したところ、郵便受けに1通の手紙が入っていた。差出人は、こちらもアマレスから転身した新日本プロレス(当時)、馳浩。「残念だったけど、お疲れ様」と記された書面とともに、同年4月30日の両国国技館大会の招待券が入っていた。観戦した試合では、ジュニア・リーグの優勝戦で、エル・サムライが大流血の末、マスクを完全に裂かれ（マスクマン転向以降）初めて素顔を露わにしながら獣神サンダー・ライガーに肉薄（結果は準優勝）。誠心会館の斎藤彰俊とその看板をかけて勝負した小林邦昭は、ノーガードでの殴打の応酬の末、腕がらみで辛勝。それらには、熱狂的な歓声が注がれていた。気がつくと永田は、新日本プロレス現場監督の長州力に挨拶し、握手していた。

アマレスの素地を活かして、入門4ヵ月後にはデビュー。1995年9月23日よりは、プロレス史上、最も殺伐とした対抗戦の初っ端に出陣。相手はかつて憧れたUWFインターナショナルの面々。長州力のパートナーとして、安生洋二、中野龍雄と対戦。タックルを仕掛けた際、安生洋二のローキックと交錯。右顔面が急激に膨れ上がった。思わずマウントを獲り、安生の顔面を殴打。一発が軌道を外れてヒットし、安生の左目も大膨張。それは、一部では〝お岩さん事件〟として知られる、一線を越えた惨事だった。

中野が永田を腕ひしぎ逆十字に捉えて決着した試合後、長州に訊かれた。

「(安生への一発は）わざとやったのか？」

「いえ、違います」

「そうか。お前が『わざとやった』と答えたら、俺はお前をクビにするところだったぞ！」

「!!」

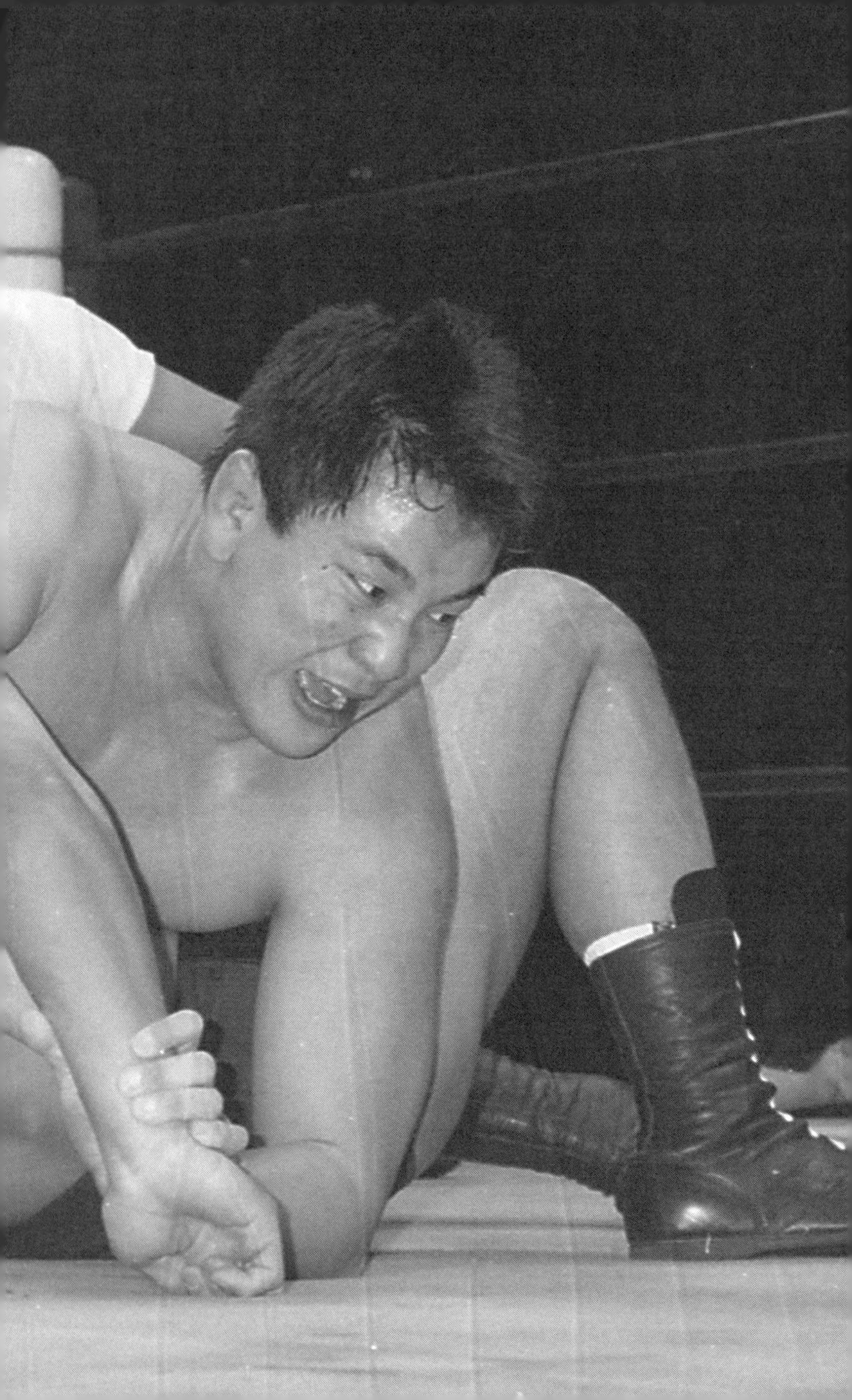

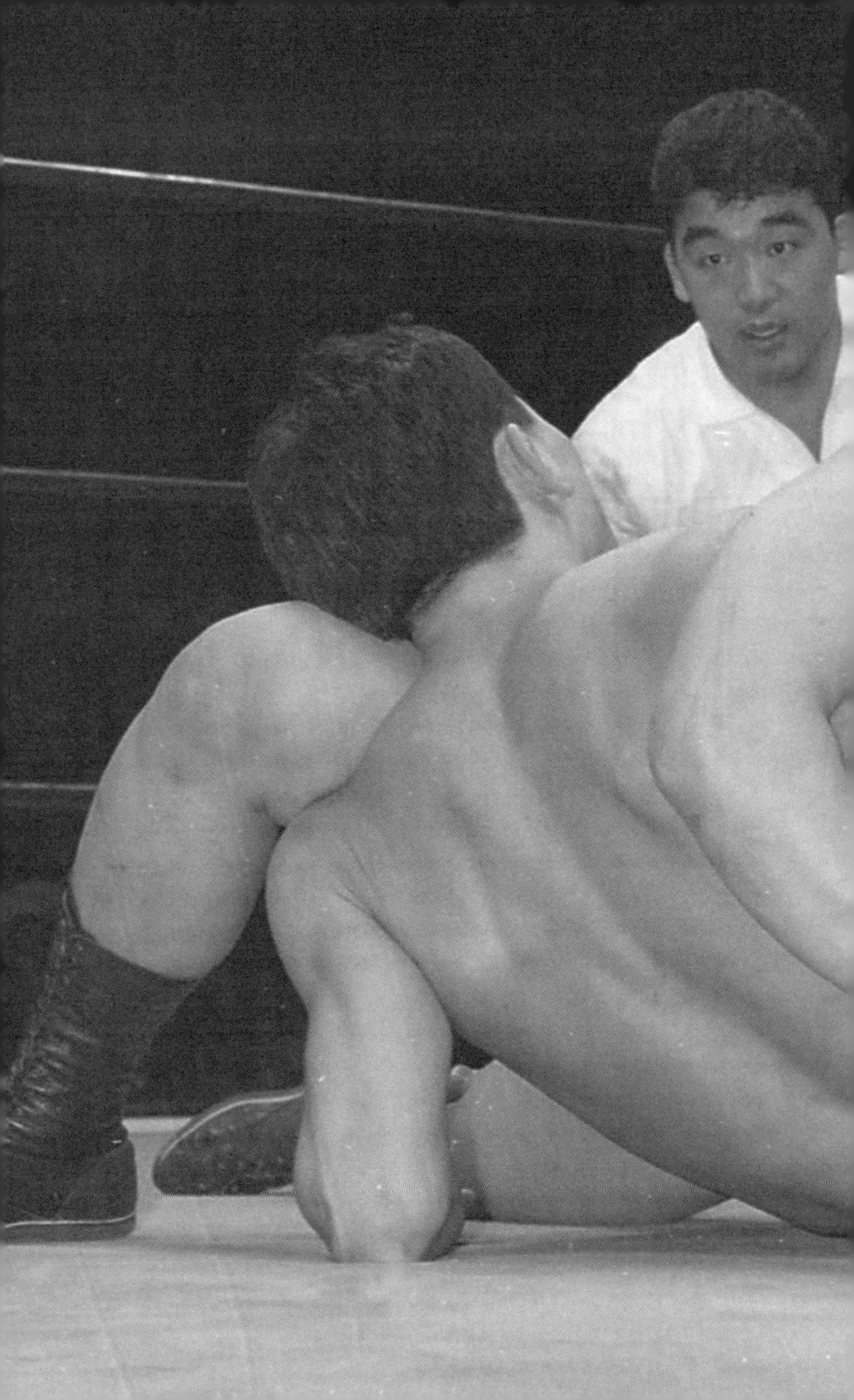

試合中、怒り狂っていた一団があった。控室のモニターで、安生の攻めを観た、当時の新日本プロレスの外国人レスラーたちだった。試合後、永田がそちらに訪れると、ガッシリと握手を求められた。名前も一流かつ、腕には覚えのあるロード・スティーブン・リーガルやホーク・ウォリアーからだった。「よく頑張った」の意思表示だった。

2013年4月7日、永田&後藤vs桜庭&柴田。高校時代の同級生である後藤、柴田も、まさに同じ部活でアマレスに専心した剛腕。試合は自ずと関節技と蹴り中心の、シビアなものとなった。10分過ぎ、桜庭が腕ひしぎ逆十字固めに入ると、永田は腕固めへ。ファンにはお馴染み、〝白目〟を披露しつつの、それだった。どこかユーモラスな相貌に、笑いを交えた歓声が上がる。それを柴田が張り手でカットしたのは、いかにも硬派な彼らしかった。直後に永田がバックドロップに入った際、悲劇は起きた。

桜庭が空中で体を反転し、永田を押しつぶす形に。しかし、着地の際、右腕を伸ばした形でリングに激突。すると、ヒジが異常な角度で湾曲。試合続行不可能と診たレフェリーが、すぐさまゴングを要請した。結果は11分32秒、レフェリーストップ。永田が、桜庭に勝利する形となった。

余りにも唐突な、アクシデントによる決着。柴田が永田の前に立った。そして、悔し気に何度も張った。しかし、永田は張り返さなかった。リングを降りた後、その真意をこう語った。

「柴田も無念だろうって。悔しいのをぶつけるところがないんだろう。だから、俺の顔なんかで良ければ、何発でも殴れって。それで、お前の気が済むのなら……」そして、言った。

「プロレスって、怖いよな」

厳しい合宿所生活を過ごしていたヤングライオン時代、柴田が親友・後藤洋央紀と、道場を抜け出し、遊びに行こうと歩いていた時だ。目の前にグイと、車が止まった。

「遊びに行くのか？」

7年先輩の永田だった。携行していたセカンドバッグに手を入れた。出て来たのは紙片だった。

「これで飯でも食え」

1万円札を渡してくれた。

以降、間違いなく、永田との激闘で新日本プロレス内で成長して来た柴田。2005年1月には〝永田越え〟の最大のチャンスが訪れる。契約更改の際、当時の社長が、柴田にエース格の待遇を約束。永田をはじめとする第3世代には、「踏み台になってもらう」とした。旧著にも書いたが、柴田がこう答えたのは、余りにも有名だ。

「納得がいかねえ！　今まで新日本のプロレスを必死に支えて来たのは、誰だと思ってるんだよ！」

柴田は直後に退団。「自分の思っていた新日本ではなくなった」との言葉を残し、総合格闘技のリングに向かう。その後、２０１２年、新日本に戻って来たのは前述の通り。２０１６年５月には、柴田の保持していたＮＥＶＥＲ王座に永田が挑戦。火の出るような過激な攻防を制し、新王者に輝いた永田は言った。「どうだ柴田、もういっちょいくか。この戦いを続けていけば、間違いなく新日本の景色が変わるぞ。これでやめるなんて言わないだろうな。この闘いを新日本に植えつけるには、まだまだ闘わなきゃダメだろ。これぞ新日本という試合だったろ？」……。

翌月、２人はベルトをかけて再戦。前回を上回る、超ド級の熱き攻防の末、勝利した柴田は試合後、こう語った。「空白の新日本プロレス、しっかり時間を超えて体感して、今、俺はここにいる」。

決着のゴング後、リング上で印象的なシーンがあった。柴田が永田へ深々と頭を下げる。永田はその柴田の手を上げ、讃えた。それから、何かを話しかけた。笑顔だった。報道陣にその内容を問われた永田は、言った。

「『柴田がいれば、新日本プロレスは大丈夫だ』って言いました」

柴田は２０１８年より、新日本プロレス・ロサンゼルス道場のヘッドコーチに就任。歯ごたえある強者たちを、ホーム・リングに送り込み続けている。

DEBUT
14

1997.5.18

栃木県益子町・陶芸広場つかもと特設リング

○高橋秀幸（テキサスクローバーホールド・6分55秒）本間朋晃●

本間朋晃

「人が足りないんで、明日、
デビューさせるかもしれないから」
（グレート小鹿）

本間朋晃
Tomoaki Honma

1976年11月18日生まれ、山形県東根市出身。アニマル浜口ジムを経て、大日本プロレスに入門。1997年5月18日、デビュー。デスマッチファイターとしてその名を馳せ、フリー期間を経て2002年、全日本プロレスへ入団。2006年、全日本退団後、新日本プロレスにフリー参戦し、ヒールユニット「G・B・H」の一員として加入、他メンバーが脱退する中でも、G・B・H残留を選択し活躍を続ける。2015年、真壁刀義とのタッグで「WORLD TAG LEAGUE 2015」初優勝。2016年に二連覇を果たし、さらに同じく真壁とのコンビでIWGPタッグ王者となる。2017年、試合中に首を負傷し、中心性頸髄損傷と診断されて長期欠場を余儀なくされるものの、翌年には奇跡的な復帰を果たしている。

プレゼントの抽選箱に、浅黒い手がグイッと入れられた。普通は、個人を特定できる紙片をそっと入れるための箱だから、ということはいよいよ！　そう、プレゼント抽選会が行われるのだ。2015年7月11日、新日本プロレスの群馬・ニューサンピア高崎大会の第3試合後のリング上のことだった。取り出されたのは、入口でもぎられたのだろう、チケットの半券。なるほど、席番号がこちらにも書いてあるから、読み上げれば、その席に座った観客が当選者ということになる。「え〜」プロレスラーがマイクを持った。遂にお待ちかねの発表だ！

「♯◎☆▲@◇〜」

「はい⁉」

隣にいた浴衣姿の女性が、思わず聞き返した。聞き取れなかったのだ。見ればその女性は、プロレス好きとして知られるアイドル、倉持明日香さんである。

「代わりましょうか（笑）？」

以降は、そのプロレスラーの代わりに、倉持さんの爽やかな声で次々に当選の席番号が読み上げられていった。大役を務めた後、彼女は言った。「テレビでお話しするのを拝見すると、確かに聞き取れないことが強調された感じで映ってますけれど、生でお会いすれば、そんなこともないだろうと思ってたんですが……（苦笑）」。

プロレスラーは、本間朋晃だった。

現在はそのしゃがれ声から、〝ハスキー本間〟などという異名も頂戴している本間朋晃が喉を負傷したのは2006年の5月28日（本間&宮本和志vs横井宏考&不動力也）。不動力也がコーナーに詰めてのラリアットを見舞った際、その右拳が喉を直撃。喉仏が潰れ、翌朝起きると、今のような枯れた声になっていた。

手術すれば喉仏は治ると医者には言われたが、「『ただ、どんな声になるかはわからない』と言われて。じゃあ、いいか、このままで。と（笑）」（本間）。さりとて、大日本プロレスでデビューし、フリー→全日本プロレス→フリー→新日本プロレスと流れて来たプロレスラー生活宜しく、そんな、傍から見れば「ケ・セラ・セラ」（なるようになる）なスタンスが功を奏すのだから、本当に人生というのはわからない。

『ダミ声vsダニの戦いが今始まる！　世界で一番聞き取りにくい新商品PR‼』そう謳う大手家電メーカー、シャープの布団掃除機のウェブCMに出演したのは、まさに冒頭の抽選会も行われた2015年。この年だけで、他にもキリンビール、トヨタ、AGFのCMに出演。地元・山形県産の米「つや姫」のPR大使への任命もあった。きっかけは日本テレビの情報番組に出ていた真壁刀義の負傷による代役出演。そこでそのガラガラ声が注目されたわけだが、もちろんリング上でも躍動。同年末の「ワールド・タッグ・リーグ戦」をその真壁と制覇すると、翌2016年

1月4日の東京ドーム大会では同コンビでIWGPタッグ王座を自身初戴冠。筆者個人としては2009年、「真壁、本間と行く、ブドウ狩りツアー」が、最少催行人数に達せず中止になったことがなぜか余計に思いだされたりしたが、時を経てお釣りが来るほどの大躍進だ。本間は試合後、「小さい頃から夢だったIWGPを、東京ドームで獲れたことが嬉しい」と大号泣。プロレスファン時代より、地元の山形より新幹線で〝1・4〟東京ドーム大会を観に来ていたのだ。その活躍の表出さながら、前年末には、「プロレス大賞」の技能賞も受賞した。

だが、これに公然と噛みついた男もいた。〝世界一性格の悪い男〟の異名で知られる、鈴木みのるである。曰く、

「〝こけし〟が当たってないのに、技能賞はオカシイだろ」

〝こけし〟とは、本間の行う、倒れ込み式のヘッドバット。その命名は、日焼けマシンを常用し、かつ金髪の本間が女子高生に「こけしみた〜い!」と言われたから、というのが諸説ある中のひとつだが（要するにはっきりしない）、確かに当たらないことが多かった。寸前で相手にかわされるのである。そもそも外してるのに、技術も何もないだろう、というのが、鈴木みのるの言い分であり、ある意味正論だった。これに対して、選定主の『東京スポーツ』側の授賞理由は、何とも本間にとって嬉しいものだった。

「勝っても負けても客の心を掴む、全力ファイトを評価した」

2000年の出来事が記憶に甦った。拙著『新編　泣けるプロレス』（小社刊）にも書いたので詳述は避けるが、プロレス記者による写真展に、本間の試合写真の掲示が見送られたことがあった。内容は当時所属だった大日本プロレスでのガラス・デスマッチ（vsザンディグ。2000年11月23日）。拒否理由は、「残酷、かつ、選手に知名度がない」。撮ったカメラマンが、こうボヤいていた。

「無名な選手でも、これだけ命を賭けてやってるんだって言いたかったんだけど。それに彼は、デスマッチでも通常のプロレスでも熱いものを残せる、いい選手なんだけどなぁ」

本間は、この時、プロレスラーとして4年目。既に団体のメインタイトル「BJW認定デスマッチヘビー級王座」は二度獲得（ちなみに右記の写真の試合で2度目の戴冠）。パートナーを肩車しての雪崩式ブレーンバスターという連係技「摩周」を先輩、山川竜司と開発したのも本間なら、そのアイデアマンぶり宜しく、デスマッチファイターとしてひとり立ちすると、通常のプロレス技にデスマッチ・アイテムを絡めて、皆の目を見張らせた。コーナーに立てかけられた有刺鉄線ボードを駆け上がって、宙返りを決めたことも。蛍光灯を初めて凶器に使用したのも本間である。

しかし、それ以上にマスコミ関係者を驚かせたのは、（今でもだが）その筋骨隆々にパンプアップされた体だった。少なからずのレスラーが貫禄面の優位も含め、体を大きくしがちなのに対し、無駄のない引き締まった肉体。何を隠そう、UWF系の後発団体として知られる「格闘探偵団バトラーツ」に出稽古に行っていたのだ。当時の大日本プロレスの若手の、こんな回想もある。「道場の稽古は本間さんが仕切ってて。とにかく練習熱心だったから、僕らもやらざるをえないという感じでしたね」。さらに、本間本人の、「それはもう、やらせるだけで、自分はやらないというのもオカシイですからね」という述懐もある。入門して僅か2ヵ月半でデビューしたことも、その鍛錬の鬼ぶりの表れか。デビューの前日には、大日本プロレスの社長（当時）、グレート小鹿が、本間に直々に話しかけに来た。

「本間ぁ、人が足りないんで、もしかしたら、明日、デビューさせるかもしれないから」

黄緑色のトランクスでデビュー。それは山川竜司からの、急場凌ぎの借り物だった。本間のプロレス人生は、環境によって左右されてきた。

最初に入門を希望したのは、他でもない新日本プロレス。高校2年生時に、すべてのテストをクリアしたが不合格。実を言えば、同時に吉江豊など、大量の浜口ジム出身者が受験していたため、自ずと合格はより狭き門となっていた。だが、上京すると、その浜口ジムに入門。観戦しているうちに気に入ったＩＷＡジャパンを受験する予定も、前日にジムで肘の靭帯を痛め幻に。続いて山形県民の自分には地元意識も強い「みちのくプロレス」を受験し、こちらは合格。ところが、いざ入門すると、誰もまったく口を聞いてくれない。ノイローゼ気味になり、「僕、嫌われてるんですか?」と問うと、そっと直近の先輩に言われた。「そうじゃない、実は俺たち、『新人には白い歯を見せるな』と厳命されてるんだ」。

時は1996年。すでに新日本プロレスとは頻繁に交流しており、同年10月には団体初の両国国技館大会も待機。メジャーに絶対に負けられないという意識は、当時極めて強かった。新人の雑用は業界の常だが、リングの設営で怒られる日々。何せ、口を聞いてもらえないから、それすら見て覚えるしかない。馴れぬトラックの運転でこすると、上から激怒された。結局、1週間持たずに夜逃げした。続いて入った大日本プロレスは、道場兼合宿所で寝ていると、ゴキブリが横をカサカサと這い回る環境。だが、周囲の面々は優しく、だからこそ「自分の力でも良くして行こう」と思い、横浜の道場から埼玉県越谷市のバトラーツ道場まで通った。

にもかかわらず、その大日本プロレスを、本間は2000年12月、退団する。本間の振り返りが、各紙誌に残っている「本当に好きだった大日本なのに、会社に対する不信感でやめなければならなくなったというのがね」(ベースボール・マガジン社『プロレス青春グラフティ』)。具体的な退団理由を「給料が出なかったとか……」とインタビュアーに振られると、「それを言うと、いやらしいですよね」と答える場面もあった(宝島社刊『プロレスNEW STYLE』)。ただ、先に言及したように、本間はこの時、大日本のエースもエース。しかも現役のBJW認定デスマッチヘビー級王者。それは、ちょっとした事件だった。地元・山形のフリーペーパーにおける、過去を振り返るインタビューで、本間自身、こう語ったこともあった。「子どもたちに言いたいのは、夢は必ず叶うものじゃない……」（『やまコミ』２０１６年2月12日発行分）。

折しも、すぐに本間の穴を埋める新人も出現。それは、前段、「（本間さんが）練習熱心だったから、僕らもやらざるをえないという感じでしたね」と述懐した選手だった。彼こそ、葛西純であった。

早くから「キ○ガイみたいな試合がしたい」と連呼し、それを体現して来た葛西。ファイヤーデスマッチ、画鋲素足デスマッチ、さらにはカミソリ十字ボードデスマッチなど、何でもござれ。中でも銘記されるのが、２００９年11月20日の伊東竜二戦。「カミソリボード＋αデスマッチ」として行われたが、この試合でプロレス大賞のベストバウトを受賞。ついでながらこの２００９年は、前述の真壁と本間のブドウ狩りツアー中止の年でもあった。

会場の後楽園ホールの東側バルコニーから葛西がダイブするシーンはもはや伝説になった。リング下にあった、伊東が横たわった長机を目掛けてフライングボディプレスを成功させたが、実に6m以上の落差。誇大に言えば、メジャー団体選手も及ばぬ、カリスマ・デスマッチ・ファイター誕生の瞬間としてよかった。２０２１年の末、民放ＢＳ番組による取材で葛西をインタビューした際も、論無くこの試合の話となった。やはり、飛翔というか、落下する際、何を思ったのかを知りたかった。愛する人の顔が浮かんだのか、今までのことが走馬灯のように巡ったのか。それとも、目に映るものすべてがスローに動く、トランス状態に陥ったのか……。

「んなもん、エイッって飛んだだけですよ（笑）」葛西はあっさりと答え、続けた。

「考えてると、飛べなくなるじゃないですか。だから、その前に飛んじゃう（笑）」

葛西が、本当に視界全体がゆっくりと流れる、九死に一生の事故に遭ったのは、この11年前のことだった。

1998年11月4日、この年の8月にデビューしたばかりの葛西を含む大日本プロレス一行は、北海道は釧路市厚生年金体育館大会を終了。若手はそのまま宣伝カーで次の巡業先を目指すこととなった。

運転は葛西だった。最初は快適なドライブだった。ところが、0時も過ぎ、日勝峠というところに入ると、急に冬が降り始める。場所柄か、それは瞬く間に、吹雪となった。

運転していた葛西は内心、（まずいことになった）と思ったという。11月上旬と言えば、一般的にはまだ秋。よって、ノーマルタイヤでの走行だったのだ。一方で、路面は既にアイスバーン。警戒し、スピードを落とした、その直後だ。

「バンッ!!」

強烈な横風に持って行かれて、車はスピン。瞬間、葛西の目に、すべてがスローモーションに映った。岩肌、黒い空、木々、そして隣の助手席で寝ていた藤田ミノル（当時、穣）……。

「ガンッ!!」

車は対向車線のガードレールに激突。選手たちも飛び起き、車外に出た。そこに、さらに予想外の不幸が襲った。対向車線からやって来たトラックが、葛西たちの惨状を視認し、ブレーキをかけたのだが止まらず、車に激突してしまったのだ！

宣伝カーは大破。そして、もちろん廃車。グレート小鹿社長は激怒。それも、既に若手のリーダー役だった本間が全般的に、叱責の対象になった。

その夜、葛西は、本間に切り出した。

「俺、辞めます」

実は、この件で、葛西はほぼ、怒られていなかった。既出のように、練習熱心だった本間。それでいて、「夜練だ！」と称して、皆をラーメン屋に連れて行ってくれるなど、優しさもあった。そんな兄貴分を槍玉にさせてしまった、その申し訳なさもあった。

「宣伝カー、駄目にしたのは、自分の責任なんで……」

本間の叱咤が飛んだのは、その直後だった。

「んなもん、お前が悪いわけじゃないだろうが！」

「……⁉」

「ノーマルタイヤで、北海道を走らせる、会社が悪いんだろ⁉」

「⁉」

「こんなことで、お前が責任を感じることなんてねえよ！」

その後、切々と、本間は葛西を説得した。

「ようやくプロになれたんじゃないかよ。こんなことで辞めるんじゃないよ。これからもっと辛いことだってあるかもしれないぞ。だけど、俺たちはそれを跳ね返して行こうぜ！」

そして、こう締めた。

「プロレスラーの道、絶対に諦めるんじゃねえぞ……」

「本間さん本人は、『そんなこと覚えてない』って言うだろうけどね」と葛西は笑う。

「あの言葉がなかったら、今、俺も、ここにはいないだろうね……」

「子どもたちに言いたいのは、夢は必ず叶うものじゃない」前出のフリーペーパーのインタビューで、本間はこう、続けている。

「けど、夢は持たないとつまらない、夢を持ち続けることに意味があるんだと」……。

２０２２年５月６日の後楽園ホールのリング上。葛西の隣には本間がいた。相手は、エル・デスペラード、ＤＯＵＫＩ組。葛西と、新日本プロレス生え抜きのデスペラードは、３年前、シングルで血しぶきが飛び交う凄絶な試合を展開し、ノーコンテストに。コロナ禍を挟んで、ようやくの再会マッチは、直前で「凶器持ち込みハードコアマッチ」に変更。葛西は本間とタッグを結成した。見て来た通り、２０１５年よりブレイクが続いていた本間だったが、２０１７年３月、試合で頭部を強打し、中心性頸髄損傷の重傷で長期欠場。翌年６月、奇跡の復活を果たしていた。老婆心ながら、各種凶器の被弾は避けられない久々のデスマッチのリングだけに、展開が不安視されていた。

フタを開けてみれば、本間は水を得た魚のごとき大暴れ。有刺鉄線を額に巻いて入場すると、椅子に位置させたＤＯＵＫＩを別の椅子でフルスイングで打ち飛ばし、ラダーにその足を挟むと、そのままドラゴンスクリューを炸裂。

極め付けは葛西を肩車してのコーナーポストへの接近。コーナー最上段のＤＯＵＫＩに、そのまま雪崩式ブレーンバスターだ。それは、若き本間が大日本プロレス時代使っていた合体技、「摩周」だった。

勝利し、葛西と共に勝ち名乗りを受けた本間をコメントルームに追う。額から大流血していた本間は呟いた。「懐かしい……」そして、隣に呼び掛けた。

「目を覚まさせてくれて、ありがとう。こっからまた、這いあがるよ！　まだまだ夢の続き、あんだよ！　これからだ！」

傍らでは、葛西が微笑んでいた。

DEBUT 15

1999.10.10

後楽園ホール

○井上亘（チキンウィング・アームロック）柴田勝頼●

柴田勝頼

「ギブアップしてない！
ギブアップしてない！」

柴田勝頼
Katsuyori Shibata

1979年11月17日生まれ。三重県桑名市出身。プロレスラー、レフェリーとして活躍した柴田勝久を父にもつ。1998年3月、新日本プロレスに入寮、翌年7月の札幌大会でプレデビュー、10月10日の井上亘戦で正式なデビューを飾る。2003年、星野総裁率いる「魔界倶楽部」の一員となり、魔界4号として活動、同年、天田ヒロミとの対戦でK-1ルールに初挑戦。翌年、K-1の武蔵と異種格闘技ルールで対決した。2005年、新日本を退団し、ビッグマウス・ラウド、総合格闘技で活躍。2012年に新日本プロレスに桜庭和志と参戦し、プロレス回帰。2016年、NEVER無差別級王者となり、数回ベルトを奪われつつも、王座奪還を繰り返す。2017年「NEW JAPAN CUP」初優勝したあとに急性硬膜下血腫で倒れるが、手術のちにリハビリを続け、2022年1月4日、「WRESTLE KINGDOM 16」で復帰する。

入退場時におけるハプニングは、プロレスに限らず、意外にも、総合格闘技にも多い。「PRIDE．9」（2000年6月4日）では、花道で発火装置が誤作動し、入場しようとしていた選手（ジョイユ・デ・オリベイラ）が大火傷、試合が不成立になった。（2代目）グレート草津に完敗したデスマッチファイター、松永光弘は、腹いせか、退場時にセコンドの葛西純に火炎攻撃を見舞ったことも（2000年3月19日「K-1 BURNING 2000」）。極めつけは2001年12月31日、〝K－1 vs 猪木軍〟の対抗戦で行われた安田忠夫vsジェロム・レ・バンナ。バンナが入場時に乗ったゴンドラに、どうやって警備をかいくぐったのだろう？ 闖入して来た男性ファンが同乗し、いわば2ショットで入場したのだ。バンナの手を上げるなど大はしゃぎの同客に、バンナも苦笑いで応えるしかなかった。さらに安田が劇的勝利後の退場時には、花道を走って来て抱きつく客が。花道に上がれるだけでも大事件なのに、東京ドームにおけるグレート・ムタのラリアットさながらの助走付き。いずれも双方に大過なくて良かったが、リング上が厳格な雰囲気の分、何とも締まらない印象も残った。

そして、2009年4月5日、総合格闘技「DREAM．8」でも同様の事態が。勝利し、退場する選手に、客として来ていた男性が突然、抱きついたのだ。

「あっ!!」

血相を変え、男性を引き離そうとするスタッフ。その動転ぶりの原因は、抱きつかれた選手が誰だったかにもあったかもしれない。

　柴田勝頼だったのだ。

　柴田は、いたいけな言い方を許してもらえれば、腕白なレスラーだ。初のリング登場となった、プレ・デビュー戦のバトルロイヤルから、その血気盛んぶりは際立っていた。エルボーとボディスラムしかできず、7分弱で敗れたが、試合後のコメントは「狙ったのは大谷（晋二郎）。大谷さんじゃなくて、大谷な！」（1999年7月21日・札幌中島体育センター）。正式なデビュー前に、7年以上先輩だった大谷にこれである。

　この3ヵ月後にデビュー後、その挙動は鋭さを増していく。デビュー4年目に、これまた先輩・永田裕志との一騎討ちが組まれ、意気込みを問われると、「喧嘩だよ、喧嘩。喧嘩だって言ってんだろ。何度も言わすな！　アイツ、喧嘩、強いんか？」。そのスター性から、中邑真輔、棚橋弘至と、〝新・闘魂三銃士〟と称され、同席の会見が行われると、遅刻。そして言うには、「新・闘魂三銃士の中で、中邑、棚橋と比べると出遅れてると言われてるので、今日は遅れて来てしまいました」とニヤリと当てこすり。中邑真輔が総合格闘技戦に勝利し、「今日のテーマは、笑顔でした」と名言を残すと、自身はその中邑に勝利した後、「今日の試合後のテーマは、笑顔でした」と同じマイク。茶化したのだ。「闘いに、そもそも笑顔なんて要らねえよ」がその真意だったという。

とはいえ、こんな熱情がリング上では得難い魅力に転じるのもプロレスの面白いところ。対戦相手もそんな柴田の気勢に激しく呼応した。総合格闘家としての顔が大きい松井大二郎とホーム、新日本プロレスで一騎打ちすると、松井が強烈な顔面パンチ。即座に柴田のバックを取り、スリーパーに移行しようとしたが、柴田はぐにゃりと曲がり、昏倒。失神していたのだ。わずか1分59秒で、レフェリーストップの判定が下された（2002年2月16日）。これまた火の出るようなハードファイトが売りの天龍源一郎とは二度、シングルで対戦。2004年10月9日、両国国技館大会での初戦を天龍が制すと、次戦が即座に11月13日の大阪ドーム大会で組まれた。他にメインとして中邑vs棚橋や、天山vs川田のIWGPヘビー級選手権がラインアップされたが、直前でハプニングが。当時の新日本プロレスのオーナーである猪木が、「つまらん」と既成カードを一蹴、強引にそれらを変更させたのだ（中邑、中西学vs藤田和之、ケンドー・カシン、天山、棚橋vs小川直也、川田利明など）。ところが、天龍vs柴田は変わらず。天龍は「俺と柴田の試合は、猪木さんも観たいということだな」と上機嫌だった（試合は天龍が勝利）。その弟分の〝デンジャラスK〟川田利明との対戦では、試合前、その蹴りを「俺のPK（走り込んでのキック）のパクリ」と挑発（川田のほうが17年も先輩なのだが）。試合中も、川田のよくやる屈伸運動を真似、さらにはそのフィニッシュ・ムーブであるストレッチ・プラムまで先に披露。大激戦の末、最後は川田が怒りのベア・ナックルを見舞い、7分6秒、フォール負け。「あれだけされるとね（笑）。それを出させた選手だし、闘志が感じられた。ウチ（当時、全日本プロレス）にもああいう選手が欲しいよ」と川田が語る一方で、試合後の柴田は息も絶え絶えに、一言、意味深に呟いた。

「久しぶりに、新日本……」

先輩の中西学がK－1のリングで完敗すると、思わずリングに上がり、一席ぶった。「K－1の〝K〟は、喧嘩の〝K〟だろ⁉　誰か俺の喧嘩を買う奴はいないのか⁉」。この流れからK－1戦士・天田ヒロミとK－1ルールで、同じく武蔵とは異種格闘技戦ルールで対戦（いずれも惜敗）。2005年に新日本プロレスを一時退団すると、2007年からは、本格的に総合格闘技に参戦する。どこか自然な流れだった。そして、そのリングでも、ドロップキックなど、プロレス技の披露を貫いた。実際、冒頭にある総合格闘技での勝利はミノワマン戦だが、この試合で柴田は見事なジャーマンスープレックスを炸裂させている。それは、新日本プロレス旗揚げ時からある、お馴染みのライオンマーク、その周囲に今もある言葉を可視化するようなスタンスだった。

「KING OF SPORTS」。前置きとして、「PRO－WRESTLING IS」というワードが隠されているのは言うまでもない。いや、「NEW JAPAN PRO－WRESTLING IS」か。後年、柴田に、「THE WRESTLER」という異名がついたこと自体、そんな期待を双肩に戦っていた表れと見られた。

他には見られぬ、孤高の道筋の選択。その理由は、そもそも彼のルーツから決められていたのかもしれない。デビュー3年目の2002年4月、短期のメキシコ遠征に行くと、柴田は現地のメキシカンにこう言われた。「お前の親父と、戦ったことあるぞ」。そして、授けられた当地でのリングネームは、「イホ・デ・シバタ（柴田の息子）」。

柴田の父親、柴田勝久は、新日本プロレスを旗揚げ時から支えた古参レスラーだった。

大相撲からプロレス入りし、デビューは何と猪木が最初に立ち上げた団体「東京プロレス」の旗揚げ戦。猪木の付け人も経験し、猪木宅に居候していた時期もある。前述よろしく、新日本プロレスの旗揚げにも参加。最初は選手層が薄かっただけに、勝久は主に猪木のパートナーとして奮戦。旗揚げした1972年、新日本プロレスは年間103試合を行っているのだが、何とそのうち37試合で猪木の純然たるタッグパートナーを務めている（その他、トリオを組んだのも2試合）。新日本における猪木の最初の正パートナーだった。当時のメイン・レフェリーの述懐がある。「やっぱりパートナーとしては、柴田さんを一番気に入ってましたよね」。その理由は、「猪木さんを盛り上げるのに徹していた。必要以上に、自分が目立とうとしなかった。それは猪木さんに任せてね」。前後するが、「行くと迷惑がかかるから」とマサ斎藤や星野勘太郎の葬儀に現れなかった猪木も、この柴田勝久の葬儀には参列していた。東京プロレス時代から一緒だった腹心に対しての、果てなき情の深さではなかったか。

1977年に引退し、レフェリーに。息子、勝頼は1979年生まれなので、その現役時代のファイトを知らない。ビデオの類も残ってない。しかし、驚くことがあった。1999年6月25日、後楽園ホールにて勝久のレフェリーとしての引退興行が開催された。セレモニーで、まさに花束を渡すにはうってつけの勝頼が、その大役を終えた瞬間だ。勝久が俊敏に動いたかと思うと、勝頼はボディスラムで叩きつけられていた。一種の茶目っ気であり、勝頼がリング上で受けた、最初で最後の父親の技と言えば感傷的ではある。しかし、それ以上に勝頼は驚きが先に立った。レスラーを引退して22年経つ父が、デビュー前ではあるが体重90kgを超えていた自分を軽々と投げたことへの畏怖であった。実際、その溌剌ぶりは、レフェリングの際にも頻発。蝶野正洋は語る。

「武藤さんとのデビュー戦を柴田さんに裁いてもらったんだけど、参っちゃったよ。逆エビ固めが決まって、俺が『ギブアップ！』って言ったんだけど、柴田さんが、『ん？　まだだ！　頑張れ！』って、試合を続けさせたの。こっちは（えぇ〜⁉　ギブアップしてるのに！）って（笑）」。結局、二度目の逆エビ固めでギブアップを許してもらった（？）蝶野は、他にも試合中、相手が弱っていると、「今だ！　さぁ、行け！」とけしかけられることが多かったという。

審判とはいえ、いかにも昭和の古豪らしいエピソード。だが、そんな意気軒高な柴田勝久レフェリーが、選手の意思を聞き入れず、自ら試合を止めたことがあった。

1999年10月10日の新日本プロレス・後楽園ホール大会。この日、柴田勝頼は、同期の井上亘を相手に正式デビュー。普通、デビュー戦ではリング・コスチューム以外、一糸まとわず入場するものだが、柴田は違っていた。真っ赤な新日本プロレスのジャージを着用。それは、父が昔、実際に使用していたものだった。しかも、リング上には父の姿が。この一戦だけのため、4ヵ月ぶりにレフェリーを買って出たのだ。試合は、26歳と遅咲きデビューの井上が、19歳の柴田を徐々に押し、最後はチキンウィング・アームロックで決めた。

ところがこれを巡り、一悶着が。柴田の試合後のコメントは、「ギブアップしてない！　ギブアップしてない！　悔しいだけです。クソーッ！　俺は腕が折れてもギブアップするつもりなんて……」。試合は、勝久がレフェリー・ストップとして、勝手に止めたものだったのだ。「完全に腕が決まってたから止めました」と、所見を述べた勝久は、こう続けた。

「あれ以上、我慢したら、この先、何か月も試合が出来なくなってしまう」……。

幼い頃、巡業で家にいなかった父。反動からか、写真をビリビリに破いたこともあった。いざ自分がプロレスラーになってみれば苦闘続き。2000年4月14日には一騎討ちした福田雅一が、柴田のダイビング・エルボーをかわした際、昏倒。意識不明となり、脳内出血で5日後に逝去。硬膜下血腫での欠場を繰り返しており、脳圧も上がり気味だった。「アクシデントだ」と周囲はいたわったが、消せない苦しみが残存した。それでもリングを指さし、叫んだ。「俺の居場所は、あそこしかないんだよ!」。前出の天田ヒロミ戦の直前には、その当時天田が視察する中、所属していたユニット・魔界倶楽部の同士、村上和成と一騎打ち。序盤から当時でも珍しい大流血をさせられ、5分持たずにレフェリー・ストップ負け。試合後、柴田に肩を貸し、一緒に退場する村上には、何故か、涙があった。1年半後、その村上と柴田は新団体「ビッグマウスラウド」に移籍。昭和の新日本プロレスでその基礎を培った前田日明がスーパーバイザーを務める団体だった。先立つ、現行の新日本プロレスからの退団会見で柴田は語った。「自分が憧れて入った新日本と、今の新日本にズレがある」こうも言った。「俺は新日本プロレスが大好きで……大嫌いなんだよっ!」。

しかし、新天地で柴田はいきなり躓く。練習中、前田の前で、バテてしまったのだ。スクワットとプッシュアップを組み合わせた通称〝ペッタン〟というトレーニングの最中のこと。激怒する前田。それは、昭和の新日本では当たり前のようにこなされていた練習メニューだった。

自分が入団した90年代後半の練習ですら、十分、苦しかった。正直、潰れたこともあった。その際、〝鬼軍曹〟山本小鉄に聞かれたことがある。

「苦しいか?」

「……」

「いいか。お前のオヤジは、こうやってお前たちを食わせて来たんだぞ!」

「!!」

その日から、父を「柴田さん」と呼ぶようになった。父である以上に、尊敬すべき先人だと気づいたのだった。前田との練習で潰れた際、遂に自分から父に連絡を取った。実家のある三重県で、リングを設置した「柴田道場」を主宰していた勝久。アマレスの手ほどきは「経験がないから」と別人に任せていたが、息子・勝頼が願ったのは、「昭和の新日本プロレスのトレーニング」。地元の走井山公園にある階段を、ただただ何往復も何往復も駆け上がったり、これは勝頼自身の発案だったが、打撃対策のため、買って来たテニスボールを顔面に投げてもらい、それをかわす特訓を続けた。あたかも、劇画『巨人の星』ばりのスパルタ方式。だが、充実していた。「理論ではまかなえない、根性や気持ちの強さが身につく。そういうのって、大事なことだと思うから。総合格闘家とか他のスポーツマンと、プロレスラーの違いって、結局、そこじゃないかなあ……」(勝頼)。

「あっ!!」ミノワマンに勝利した柴田に、客席から飛び出した男性が抱き着く。驚く柴田。男性を引き離そうとするスタッフ。だが、柴田は、急に相好を崩し、それを止めた。

「大丈夫、大丈夫。これ、オヤジなんだよ」

この時も、父は勝頼の練習に付き合っていた。息子の総合格闘技での勝利について、こうコメントを残している。

「最高だよ！　震えが来た。　長生きして良かった……」

顔をくしゃくしゃにして喜ぶ父・勝久に、クールな勝頼が控室前の通路で、はにかんだように声をかけた。

「もっと、長生き、してくださいよ」


勝久は、翌年1月に急逝。朝、ゴミを出しに行ったところを心筋梗塞で倒れたのだという。葬儀の最後、勝頼がマイクを持って、こう切り出した。

「今まではずっと、父を〝柴田さん〟と呼んできました……」

そして、先輩との別れを、こう締めた。

「これからは、〝お父さん〟と呼ばせてもらいます。……お父さん、ありがとう！」

勝久は倒れた時、息子もデビュー戦で使った、新日本プロレスの赤いジャージ姿だったという。


柴田勝頼は2012年に新日本プロレスのリングに復帰。2018年よりは、そのロサンゼルス道場のヘッドコーチに就任している。「今まで自分がプロレスで培ってきた基礎や知識や技術、そして精神論を道場生たちに叩き込んでいきたい」と所信を表明し、こう結んでいる。

「後世のために」

DEBUT
16

2002.12.2

長岡市厚生会館

○土方隆司（逆エビ固め・4分52秒）石狩太一●

タイチ

「やっとデビューすることができて
本当に嬉しいです」

タイチ
Taichi

1980年3月19日生まれ。北海道石狩市出身。2001年、全日本プロレスに練習生見習いとして入門。翌年12月2日、「石狩太一」の名前でデビュー、2003年に天龍源一郎とシングルマッチを組まれるなどで注目されるが、2005年、付き人を務めていた川田利明と共に退団。フリーとしてさまざまな団体で活躍したのち、2006年より新日本プロレスに参戦。2009年より「タイチ」に改名、2010年からメキシコのCMLLに長期遠征、実績を挙げたのち新日本に戻り、小島聡に師事した「小島軍(仮)」、鈴木みのるを筆頭におく「鈴木軍(仮)」などで注目される。2013年、TAKAみちのくとのタッグでIWGPジュニアタッグ王座を奪取。2018年よりヘビー級に転向し、2021年にザック・セイバーJr.とのタッグでIWGPタッグ選手権、2023年にはKOPW王座奪取に成功する。

「やっとデビューすることができて本当に嬉しいです」と、その選手は言うと、続けた。

「渕さんのように、ジュニアで不動の地位を築きたいです」

渕(正信)と言えば、全日本プロレスで現在も現役を続ける、ジュニア・ヘビー級の重鎮(2023年現在、69歳!)。同団体でデビューしたばかりのこの新鋭も、素直な尊敬が口をついて出たのだろう。そして12年後。彼はインタビューに、こう答えた。

「デビューして毎日、渕正信と第1試合だったことが成長を止められた」(『週刊プロレス』2014年5月7日号 ※原文ママ)

発言の主は、タイチであった。


現在、新日本プロレスで活躍するタイチは、「世界一性格のこずるい男」というその異名よろしく、なんとも傍若無人だ。飯塚高史から引き継いだ鉄製の凶器、アイアン・フィンガーでオカダ・カズチカをKOすると、「勝手にコイツ(アイアン・フィンガー)が動いた」(2020年1月6日)。同団体に来たばかりの鷹木信吾には名字をもじり、「身体だけは高木ブーだけどな。他は高木ブー以下だ。ドリフだって、高木ブー以下ったらその下はもうねぇ」(2019年7月18日)。余談ながら、翌日の一騎討ちではその鷹木に敗退を喫していたが……。挙句、2021年8月には、盟友、金丸&デスペラードが獲得したジュニア・タッグリーグ優勝のトロフィーに、なぜか噛みつこうとする狼藉。同時期に盛り上がった東京五輪の金メダルにかじりついて批判を浴びた名古屋市長へのオマージュ（？）だった。

放埓は大学生時代から。パチンコ屋に入り浸っているうちに、「こういうところで働けるなんていいなぁ」と、そちらでアルバイトを開始。店を転々とし、遂には大学を辞め、社員に。ついでながら実家とは自ら音信不通状態とした。ところが、今度は客を見ているうちに、「パチンコで遊べて、食えればいいなあ」と、逆戻り。結局、パチプロに。ところが、そのすべての儲けの入った財布も紛失するなど、ふんだり蹴ったり。

そんな自堕落な日々の起因も、そもそもはプロレスだった。

友達の薦めで『全日本プロレス中継』にハマったのは中学1年生時の1992年。おりしも、三沢光晴が初の三冠王者に輝き、川田利明はスタン・ハンセンと名勝負を展開。後の〝四天王プロレス〟への萌芽が感じられていた時期だった。そして、プロレス界的に見れば、バブルだったと言っていい多団体時代。北海道は札幌市に隣接する石狩市出身のタイチは、全日本、新日本はおろか、UWF系、インディ、女子プロと、のべつ幕なしにプロレスを生観戦。プロレス以外に、考えることなどなかったのだ。そして、自ずと自宅でトレーニングを開始。本書に登場する他の選手たち同様、プロレスラーへの道を邁進する。中学3年時には、札幌で行われたパンクラスの入門テストを早くも受験。合格者はわずか1人。それが、若干14歳（当時）のタイチだった。自分で考えて普段やっていたトレーニングのほうが、遙かに過酷だったのだ。

だが、入門はあたわなかった。これもこの時期のプロレスラー志望者に頻発する壁だが、両親から猛反対されたのだ。そうとなれば、高校は道内のアマレスの強豪校に進学。全国制覇もしており、いわば同種目では日本最強レベルと言っていい布陣が揃う熾烈な巣窟。朝5時から練習が始まる寮生活で軟禁状態にされた。そこでタイチは1年生時から選抜メンバーに抜擢。3年連続で全国大会に出場したが、同時に、心が折れてしまった。「練習があまりに厳しくて夜逃げしたこともあるし、アマチュアでこんなにくじけてるようじゃプロは無理だなって」（前出「週刊プロレス」）。

親の熱望と、恩師の推薦で、大学に進学。だが、そこに、アマレス部はなかった。タイチ自身の希望だった。その後の道のりは、先ほど述べた通り。財布を紛失したのが2001年の夏。失意の中、ふと書店で馴染みの雑誌を開いてみた。

「？」

以下の活字が踊っていた。

『8月中旬、2泊3日の日程で全日本プロレスがプロレスキャンプを開催することになった。（中略）場所は神奈川県下の全日本プロレス道場で参加費は5万円』（『週刊プロレス』2001年8

月7日号）

プロ志望者をも視野に入れ、実際行われたこの催しは、後にこう報じられている。

『北は北海道石狩から、西は四国の高松までプロレスラー合宿を体験したいという社会人や学生さんが5万円の会費を払って参加した』（『週刊ゴング』2001年9月13日号）。

〝北は北海道石狩から〟の参加者、これがタイチだった。渡航費、そして参加費の5万円が自分では用意できなかった。やむなく、断絶状態だった実家に戻り、親に頭を下げてお金を出してもらった。だからこそ、それだけで終われなかった。まず、自分だけ、合宿を1日延長してもらい、自らを印象づけた。それからは同キャンプのコーチ役の馳浩に電話攻勢。入門を直訴しまくった。

キャンプ翌月の2001年9月、全日本プロレスに入門。そして、冒頭のデビュー。他に、こうコメントしている。

「同期の奴が、1人2人いなくなって行く中、1人でやって来て本当に良かったと思います」

そして、泣いた。馳からは、「体重を10kg増やせなきゃクビ」と言われたが、75kgから5kgまでしか増えず、解雇の不安におびえたこともあるだろう。条件を満たしてない中のデビューも、欠場者が相次いだゆえに前日通知された急遽のもの。そうでなくとも、既に入門してから1年3ヵ月が経っていた。だが、それ以上に、両親と堅い約束をしていた。

「辞めて戻って来るようなことがあったら、家の敷居はまたがせない！」

父の言葉だった。本音はプロレス入りに反対していたところを、妻の説得で何とか了承していたのだ。アンビバレントな言動は、人生の最後通告だった。

故郷という退路を失わずに済んだタイチ。だが、ここから、次々に地盤を失うプロレスラー生活が始まった。

2003年4月に、川田利明が負傷より全日本プロレスに復帰すると、その付け人に。その立場に準じるかのように、2005年には川田の全日本退団に合わせ、自らも退団。川田の新天地は、エンターテイメント色を全面に出した「ハッスル」。タイチもまさに川田のお付きとしてストーリーに取り込まれたが、1年後にはこちらを離れ、完全にフリーに。出だしで渕とのシングル戦の日々を貶めたタイチは、真意をこう語る。

「若いうちにあのスタイルが身についちゃうだろ。同期もいなくて若い奴同士でガンガンやり合うとかなかったから」

「ハッスル」を後にした理由も同様だった。「(その時の)俺はデビュー3年くらい。まだまともにプロレスやりたいに決まってんだろ」(『週刊プロレス』2014年5月7日号、前言も)。

次に上がったのは、全日本と並ぶ老舗メジャー団体、新日本プロレス(2006年5月13日)。ところが、初戦でトリオを組む邪道も外道も、タイチのことを「知らない」と言う。その模様が会場のビジョンで流され、タイチは新たなリングネームを頂く。「北海道」と。闘いの場は、新日本プロレスが当時、エンターテイメント路線を実験的に標榜したリング、「レッスルランド」だったのだ。しかも、タッチを受けた途端にタイチは敗北。失礼を承知で記せば、「ハッスル」と代わり映えしない役どころだった。

約2ヶ月後の7月17日には、ようやく新日本本体のリングへの初参戦が実現するも、パートナーは同じ道内出身の平澤光秀に宇和野貴史。会場は札幌の月寒グリーンドーム。北海道出身ということで呼ばれただけだった。同じく北海道（室蘭市）出身の飯塚高史の総評「今日は素直によくやった。地元ということで、3人とも気合いが入っていた」が、良くも悪くもこの時のタイチの位置づけを物語っていた。

以降、断続的に新日本のリングに出撃するも、同時にアルバイトにも勤しんだタイチ。スポット参戦だけでは食っていけなかったのだ。

長州力から呼び出されたのは、そんな生活が続いた最中の、ある地方興行でのことだった。長州は2005年の10月より、時の新日本プロレス社長であるサイモン・ケリー猪木に請われ、現場監督に復帰していた。「リングに緊張感を呼び戻して欲しい」との赴任要請だった。タイチを目の前にすると、長州は言った。

「凄くいいですよ！　これからはウチの若い選手と、ドンドンやってください！」

しばらくして、タイチはバイトを辞めた。以降、新日本の全戦に出場できるようになったのだ。

川田の後を追い、全日本を退団した理由を、かつて、こう語ったことがある。

「全日本プロレスから、あの、川田さんの当たりの強いプロレスがなくなったら、もう全日本プロレスではないと思ったから」

川田の師匠である天龍源一郎とも2003年6月8日、まさに全日本プロレスで一騎打ち。デビューして半年の抜擢には理由があった。2000年7月に古巣・全日本プロレスに復帰した天龍は、この時が3年契約の最終月。最後のシングル戦の相手として、当時の新人だった河野真幸とタイチを指名したのだ（河野とは5日後に対戦）。

試合はタイチが猛進。張り手、低空ドロップキック、ミサイルキックで天龍をぐらつかせる。だが、天龍は盤石。タイチを体ごと吹き飛ばすような逆水平チョップに、パワーボムで4分33秒、フォール勝ち。すると、倒れているタイチを握手よろしく引っ張り上げる。それに両手の握手でタイチが応えた瞬間、天龍は往復ビンタとラリアットで〝追い技〟！　試合後、こう語った。

「受けてからがプロレスなんですよ。あの野郎、ちょっと遠慮したんじゃないか？　もう一度、対戦したいね。アイツが、とことん参りましたと言うまで、やってみたい。頑張りましたよ」（天龍）

一方、「今日、（天龍と）やれたことは、一生の宝物」としたタイチ。万感と思われたコメントの傍ら、印象的な場面があった。試合後、息も絶え絶えのタイチに、セコンドの先輩たちが肩を貸そうとした時だ。タイチ自身が、それを振り切った。そして、自分の足で、控室へと帰って行った。

『サンビレッジ・いしかり』

そう記された会場に、続々とファンが吸い込まれて行く。２０１０年7月17日、タイチの地元凱旋興行がおこなわれた。棚橋弘至、真壁刀義と組み、中邑真輔、飯塚高史、外道組と対戦。メインイベントだった。試合は17分46秒。タイチが外道を沈めた。集まった９００人の観客の前で、タイチはマイクを持った。

「石狩市の皆さん！　プロレス、初めて石狩に来ましたが、こんなにご来場くださって、本当にありがとうございます！」

大歓声が、会場を包む。観れば、その顔ぶれは、若い男性だけではない。老若男女、幼い子供まで含まれていた。

「これも全部、血と涙と汗を流しながらチケットを売ってくれた親父のおかげだと思っています。親父……ありがとう‼　今日はどうもありがとうございました！」

３日後、石狩市役所に、興行の御礼に訪れたタイチ。市の方から、「日ごろの練習が大事。がんばって」と激励を受けた。隣では、もちろん試合当日は妻とともに大会を観戦した父が微笑んでいた。その場でタイチは誓った。

「次に石狩で試合をする時は、チャンピオンベルトを着けていたい」

２０２３年４月29日、タイチは、かつてお笑い芸人の名をモジってからかった、鷹木信吾の持つＫＯＰＷ王座に挑戦した。試合ごとにルールを王者と挑戦者で持ちより、ツイッター（当時）投票などで決める同王座戦だが、タイチは今回の対戦１週間前に鷹木に告げた。「お前が提示するルールに、全部乗ってやるよ」。タイチは前年、鷹木の持つ同王座に三度挑戦。だが、いずれも敗退していたのだ。

結果、３カウント、10カウントダウン、ギブアップ、ＴＫＯ、リングアウトの５つの決着方法から、３つを先取した方が勝者となる、熾烈に過ぎるルールになった。試合はお互いがそれぞれ２勝を奪い合う激闘に。最後の３勝目を制したのはタイチ。トータルタイム、43分40秒の大熱戦だった。試合後、タイチはマイクを握った。

「鷹木、何度も俺の前に立ってくれて、俺の壁になってくれて、どうもありがとう。お前がいたから、これを賭けて、熱い戦いができた。鷹木、またやろうぜって思ったけど、しばらくいいや……。もう（疲れて）駄目だ……」

笑いと拍手が起こる場内。「でもよ」とタイチは続けた。

「こうやって、何度も負けても、何度も跳ね返されても、あきらめずにやれば、結果が出るんだと。やっぱり、人生はチャレンジなんだなって……」

そのファイトが、言動や挙動とは正反対の、世界一性格のこずるい男。腰にはＫＯＰＷのチャンピオンベルトが輝いていた。

DEBUT
17

2004.8.29

メキシコ・アレナコリセオ

◯ネグロ・ナバーロ（メキシカン・ストレッチ・7分24秒）岡田和睦●

オカダ・カズチカ

「担架で運ばれました」

オカダ・カズチカ
Kazuchika Okada

1987年11月8日生まれ。愛知県安城市出身。15歳でウルティモ・ドラゴンのプロレススクール「闘龍門」に入門。2004年8月29日、メキシコ・アレナコリセオにおけるネグロ・ナバーロ戦でデビュー。2007年新日本プロレスに入団し、翌年の石狩太一(タイチ)戦で正式な再デビューを果たす。2012年、棚橋弘至を破り、IWGPヘビー級王者を奪取、同年の「G1 CLIMAX」でも優勝し、プロレス界にカネの雨を降らせる男＝「レインメーカー」の異名を取る。その後もIWGP王座の奪取合戦を続け、V12の防衛記録を樹立。2022年1月4日、鷹木信悟を破ってIWGP世界ヘビー級第4代王者となり、2023年にもジェイ・ホワイトを破り第6代王者になる。

「事実上の決勝戦と目された〝天王山〟」（『デイリースポーツ』）、「連覇へロケットスタートだ。春のシングル最強決定戦（中略）。棚橋が真のエース襲名にばく進」（『スポーツ報知』）。いずれも、2006年4月17日の紙面である。目ざとい読者ならおわかりだろう。こちらは、新日本プロレスにおいて今も続く、春開催のトーナメント「NEW JAPAN CUP」を報じる記事である。前日の16日、1回戦のうち3試合が行われ、そう、棚橋弘至が勝利した。相手は何と、蝶野正洋。なるほど、出だしの表現も頷けよう。もちろんメインイベントだった。

ところが、その日、会場（後楽園ホール）で同試合を生観戦していた選手は言った。

「つまらなかったですね」

そして、当時の模様を聞いていた筆者に言った。

「あっ、これ、書いておいていいですよ」

発言の主は、オカダ・カズチカであった。

オカダ・カズチカ。新日本プロレスのみならず、現在のプロレス界を代表するスーパースターである。2012年1月4日の凱旋帰国試合以降からは、「レインメーカー」＝〝金の雨を降らせる男〟の異名も定着。実際、同年3月4日の後楽園ホール大会で、北西側の入場口に立っていると、上から札が降って来てビックリ。オカダの入場時に合わせて〝金の雨を降らせる〟演出が、この日より始まったのだ（この日の額面は「100オカダドル」）。

とはいえ、そのふてぶてしさは凱旋帰国前から目立っていた。「バケモノになって帰って来たいですね」（2010年1月19日）。そう言って武者修行のため渡米し、一時帰国で東京ドーム大会への参戦が決まると、「ドームはメインじゃねぇ、俺の試合を見ろ！」（2010年12月23日）。いざ同大会で、杉浦貴と組んだ高山善廣のジャーマン・スープレックスに敗れると、「正直な感想はこんなもんかっていう。いまの俺から皆さん見てもらって、そんなこと言ってじゃねえって思うかもしれないですけど、内心こんなもんかと。（プロレス大賞の）MVP（＝杉浦）もこんなもんかって思いました」（2011年1月4日）。岡田のパートナーは後藤洋央紀）。次いで再びのアメリカ遠征を経て本格的に帰国すると、リングネームも「岡田かずちか」から、「オカダ・カズチカ」へ変更。そんな自分をこう語った。「もはやバケモノを超えた」。返す刀で口にするには、「俺から見れば、新日本全員が格下」（2011年12月26日）。しかし、何より凄いのが、それが口だけではなかったことだった。

凱旋の翌月の2月12日、大阪府立体育会館でIWGPヘビー級王座に初挑戦すると、いきなりこれを奪取。史上2番目の若さでの戴冠だった（24歳3ヵ月。最年少は中邑真輔の23歳9ヵ月）。それも、それまで同王座を連続11回防衛していた棚橋を下してのものだっただけに、この出来事自体が〝レインメーカー・ショック〟として語られることに。そして、この日、長く使われることになる試合後の定番コメントも初披露。

「特にありません」

〝目指すチャンピオン像〟を記者陣が聞いた時の返しだったが、やや鉄面皮なこれも、だからこそ、彼の無双さを際立たせた感があった。他方、この時、嬉しさについて聞かれると「別にありません」、次期挑戦者の内藤哲也については「相手になりません」と、ないないづくしなりに、いくつかの活用をしてるのは逆に初々しかったが。

その年の真夏の最強決定リーグ戦「G1 CLIMAX」では、これまた初出場で初優勝。こちらは史上最年少での制覇であった。

この2012年から2022年まで、プロレス大賞のMVPは5回受賞。同年間最高試合賞（ベストバウト）に至っては9回受賞している。11年の機会のある中、獲れなかったのは2回だけという見方もできる。ちなみにこの9回という記録は、〝ミスター・プロレス〟天龍源一郎と並ぶ同部門の最多記録で、その天龍とは、彼の引退試合で一騎打ちが実現。他ならぬこの試合も、ベストバウトに選ばれている。

新日本プロレスの初めての生観戦が冒頭の日。この日の後楽園ホールは、昼夜に大会が組まれており、昼はジュニア・ヘビー級並びにルチャ・リブレのレジェンド、ウルティモ・ドラゴンの自主興行が開催。彼が1996年にメキシコと日本に興したプロレスラー養成学校「闘龍門」でイチから学んだオカダはこの日、日本マット初見参。大御所のザ・グレート・サスケも入った6人タッグを自らジャーマン・スープレックスで制している（サスケ・〇岡田・アミーゴ鈴木vsマンゴー福田・南野たけし・パイナップル華井●）。すると、〝校長〟のウルティモに言われた。「（夜の）新日本、観てくか？」。そもそもウルティモのレスラーとしてのスタートが、新日本プロレス道場の練習生から。ライガーとは旧知の仲であったりなど、コネクションもあった。後年、そのライガーが、オカダの新日本入りをウルティモに所望。要するに〝見初めた〟わけだが、この時、ウルティモに新日本観戦に誘われたのは、意外にもオカダだけだった。ウルティモはこの時のことをよく覚えてないらしいが、後から知るこちらとしては、どうしてもオカダへの期待の高さを感じ取りたいところだろう。

そして、日本デビューしたばかりの、オカダの新日本の試合への低評価。「じっくり行こうというのは頭にありました」（棚橋）と言うように、件の棚橋vs蝶野が、関節技を含んだグラウンド中心の展開だったことは確かだ。現石川県知事の馳浩にインタビューした際の、オカダの評価が思い出される（取材時の肩書きは文部科学大臣）。「スラッとして、手足も長くてカッコいいよねぇ。ただ、俺たちの世代からすると、もう少し体の厚みが欲しいかな？」。同様の評は、往年の新日本プロレスのリングアナ、田中ケロも語っていた。

オカダがプロレスを知ったのは、ファミコンのゲームソフトからだった。

中学1年時、5歳上の兄が借りて来た「NINTENDO64」のプロレスゲーム、『闘魂炎導』にハマった。聞くと、これを現実に行う人々がいるという。プロレス中継を新聞のラテ欄から探し出し、さらにハマった。中でもお気に入りは、華やかだった金本浩二、田中稔の〝ジュニア・スターズ〟。ドクトル・ワグナーJr、シルバー・キングとのIWGPジュニアタッグ選手権は、心の名勝負だ（2001年2月3日）。

地元、愛知県の中学の卒業文集には、陸上部のところにオカダの写真が。だが、陸上部でもなんでもなかった。体育の授業で100mを走ったところ、県の記録と遜色なかったのだ。

「練習せずにこのタイムは凄いよ。県大会、出てみない？」

「あっ、いいっすよ」

陸上部の顧問に熱望される形で大会出場。噂を聞きつけた高校からもスカウトが。既にこの時より、金の卵だったのだ。だが、もはやプロレス以外は目に入らぬ状態だったオカダ。中卒で、先述のプロレスラー養成学校「闘龍門」への入学を決めていた。

然して、そのプロデビュー戦の結果は、

「担架で運ばれました」（オカダ）

入学初日から、地獄だった。腕立て伏せ、スクワット、基礎練習にまったくついていけない。もちろんオカダとて、無策だったわけではない。プロレス入りを決めた時から、地元のジムでトレーニングしていた。しかし、焼け石に水。レベルが違っていたのだ。まして、オカダはまだ15歳。入学者は高校を卒業してから来るものも多く、違いは明らか。全体練習の腕立て伏せでへばりそうになると、鬼コーチ役のミラノ・コレクションAT、近藤修司に引っ張り上げられ、言われた。

「膝を着くなよ！　お前ができないせいで、皆、待ってるだろうが！」確かに皆、腕を突っ張らせて待機している。自分ができないせいで、周囲に迷惑をかける。そちらも恐ろしく辛いのだった。

オカダはこの過去を、こう思い返す。「正直、僕が一番ダメな生徒でしたね……」。

日本での半年の鍛錬期間を経て、メキシコにある〝本校〟へ。デビューするまで結局、1年4ヵ月かかった。相手は闘龍門のコーチも務めていた、ネグロ・ナバーロ。花を持たせてくれるのかと思いきや、延々とジャベ（関節技）を決められ、ロープエスケープの繰り返し。ドロップキックすら出せず、最後は前述のとおり、「担架で運ばれました」。

この、デビュー前の、いわば新弟子期、オカダは家族にメールを出している。

『もう　やめたい』

受け取ったのは、母親だった。

「……」

『ようち園に行きだしても自分のことは自分でぜんぶやり　手のかからないとってもいい子でした』

オカダが小学2年生の時、学校に提出された、母親による印象記である。実際、オカダはすべて、自分でやった。決まった時間に起きて来て、着替え、食事をし、時間になると登園して行った。驚かされたのが小学5年生の時。突然、学校から電話がかかってきた。それも、校長先生からだった。

「カズチカ君が、『五島列島に転校したい』と言ってきてるんですが、了承してますか？」

「⁉」

長崎県の五島列島は母の実家。ゆえに、毎年夏休みになると家族で行っていた。風光明媚な同所を気に入ったオカダは、旅行だけでは飽き足らず、住みたいと言い始めたのだ。右記のように、校長にまで直談判。結局、5年生の途中から卒業までは、そちらに転校（五島市立山内中学校）。渡航の際、両親は無論、空港に見送りに行ったが、オカダは「じゃあ、行って来るね！」と言うがいなや、搭乗口に直進。後ろは一切振り返らなかった。

中学になると、プロレス好きだとわかり、「成績が上がるごとに、好きなビデオを買ってあげる」と母が約束すると、日の出の勢いで好成績に。最後はトップクラスとなった。

13:23

さりとて、いざ中学3年生で卒業間近、「プロレスラーになりたい。そのための専門学校（闘龍門）がある。だから、そこに行きたい」と言われた時は、さすが親としては口あんぐり。家族会議が持たれた。母は告げた。

「カズくん。お母さん、プロレスのこと、よくわからないけど、死んじゃうこともある世界なんだよ」

若干15歳の、オカダの返答は、明確だった。

「それはもう、覚悟してる」

母は、おそらく初めて泣き言を吐いたオカダのメールに、こう返信した。

『もう少しだけ、頑張ってみたら？』

以降、弱音のメールは届かなくなった。

凱旋帰国第一戦を披露した２０１２年1月4日、東京ドーム大会のメイン終了後に、ＩＷＧＰ王者の棚橋に挑戦表明。４万を越す観客から、ブーイングが飛んだ。あまりにも唐突な挑戦表明だったゆえ、これはある意味、折り込み済み。だが、それが通常のシリーズが始まっても、残った。１月29日の後楽園ホール大会、棚橋、内藤vs中邑、オカダのメインで、試合中、オカダにだけブーイングが飛んだ。それも、試合が後半になるに連れて増えていったことを考えると、〝やっかみ〟のそれではないように思われた。手練れの3人の中に入り、動きがモタつく場面が確かにあった。

1ヵ月余り経った3月4日、同じ後楽園ホールで、内藤を相手にIWGP王座の初防衛戦。オカダは見違えるほどの動きを見せた。試合が止まりそうになると、内藤をジャベに引きずり込み、緩急を見せる。それは、プロデビュー時に、それこそ担架で運ばれるほど苦しめられ、棚橋vs蝶野をつまらないと切って取った関節技だった。天龍戦が名勝負になったのは前述の通り。顔面を殴られ、蹴られ続けつつも、決して退かなかったオカダはこう回顧している。

「天龍（源一郎）さんとの試合は昭和のファンとの戦いでした。いまのプロレスを全然見てないくせに、『あんなヒョロヒョロの野郎が。あんなのレスラーじゃねえ。昔だったら絶対に上には行けないよ』みたいに言う人もいましたからね。そういう世代のファンに、いまのプロレスはやっぱり凄いんだな、と思わせなきゃいけなかった」（『Number PLUS』2016年8月号より）

「特にありません」

マイクを通したオカダのお馴染みの一言に喝采が起こった。凱旋の年の「G1 CLIMAX」優勝戦終了直後となればなおさらだ。既出通り、初出場で初優勝を果たしたオカダは、この時、続けて、マイクでもサプライズを見せた。

「と、言いたいところだけどな」

特に言いたいことがあったのだ。次の言葉を観客が固唾を飲んで見守る。

「いいか？　この俺がプロレス界の中心となって、まだまだカネの雨を降らしてやるからな！　俺がいるかぎり、カネの雨は降りやまねぇぞ！　いいか？　俺から、目を離すなよ‼」

瞬間、大歓声が沸いた。

実はこの日、オカダの母が会場に観に来ていた。報道陣に、幼少期のオカダのことを根掘り葉掘り聞かれた母は、最後にこう問われた。

「息子さんへの、優勝の祝福の言葉は？」

「……特にありません（ニッコリ）」

オカダドルの額面は現在、１００万ドルとなっている。

DEBUT
18

2004.10.3

博多スターレーン
近藤修司、菅原拓也、○"brother"YASSHI
（踏みつけ式体固め・12分46秒）
CIMA、TARU、鷹木信悟●

鷹木信悟

「このリングに、5人のレスラーと、
1人の練習生がおるな」
（"brother"YASSHI）

鷹木信悟
Shingo Takagi

1982年11月21日生まれ。山梨県中央市出身。アニマル浜口ジムを経て、闘龍門(のちのDRAGON GATE)に入門。2004年10月3日デビュー。新人離れしたファイトで頭角を表し、4度にわたる「オープン・ザ・ドリームゲート」王座奪取、戸澤アキラ・岩佐拓とのユニット「KAMIKAZE」、B×Bハルクとの死闘などで名を上げたのち、2018年に退団。その直後に新日本プロレスのリングに上がり、ロス・インゴベルナブレス・デ・ハポン(L･I･J)に電撃加入し、2019年にBUSHIとのタッグでIWGPジュニアタッグ初戴冠、2020年にEVIL、BUSHIと組んでNEVER無差別級6人タッグ王座を奪取、さらに後藤洋央紀を下してNEVER無差別級王座も獲得し、史上初のNEVER2冠王者となった。2021年、オカダ・カズチカを破り、IWGP世界ヘビー級王座初戴冠を果たす。

『スタン・ハンセンSpecialトーク&サイン撮影会』。2023年6月17日、都内で行われた催しである。〝不沈艦〟スタン・ハンセンのトークの後は、2ショット撮影の機会やサインもいただけるという趣向だった。当然、ハンセン自身と話す時間も(短いが)生まれる。1人の男性客がスマホを持ち出したのは、その時だった。

ハンセンに、動画を見せ始めたのだ。それは、ラリアットを放つ映像だった。しかし、ハンセンのものではない。自分がラリアットをしている場面の動画であった。それを、あろうことか、本家に見せている！　ふと、気づいたことがあった。(トンボ……)。その男性の持つスマホケース、財布などの小物類が、得てしてトンボ柄だったのである。プロレス界とトンボと言えば、〝トンパチ〟なる表現が有名。〝トンボに鉢巻き〟を略した隠語で、〝見さかいない人〟〝なりふり構わない人〟を指す(トンボに鉢巻きをすると、目が見えなくなることから)。

男はプロレスラー、鷹木信悟であった。

「信悟！……まぁでも、傍若無人なヤツが1人くらいおらんとおもろないからなぁ。お前はないわ！」前所属団体DRAGONGATEのレジェンド、CIMAが叫ぶ。勝利したユニットが敗者側のそれから、1人引き抜けるルールで行われた試合後のマイクである(2017年3月8日)。選手を選べる権利を持つCIMAのこの評定でもわかるように、鷹木信悟は、確かに放埓かつ、無鉄砲な人間だった。小学生時は、真冬でも半袖半ズボンを貫徹。「そうしないと、負けだと思ってた」（鷹木）。小学校高学年時は大相撲、〝若貴ブーム〟となり、自身も早朝から朝礼までの時間を利用し、クラスの皆相手に相撲大会を主宰。ぶっちぎりの優勝回数を誇ったという。「自分でトーナメント表、作ってましたからね（笑）」。人生で最初に借りたプロレスのビデオが、天龍源一郎vs大仁田厚の金網電流爆破マッチだったというのも凄まじい。中学3年時の進路志望欄には、こう書いた。「新日本プロレス、全日本プロレス、FMW」……etc。「ここはそういうことを書く欄じゃない！」と担任は怒ったというが、こちら、プロレスラーを目指す若者には、なんとも頻出しがちな逸話でもあろう。高校では柔道部に所属したが、時には畳の上でプロレスごっこも。〝タカギドライバー'98〟なんて新技も考案したというのも、何ともレスラー志望者のそれである。

そして、鷹木自身のデビュー戦を振り返る談話も、ご多分に漏れなかったと言っていいかもしれない。「こんな試合を年間200試合も続けるのかと、気が遠くなった」（ベースボール・マガジン社刊『プロレスラー　男の履歴書』より）。

試合は6人タッグ。すると、開始前、相手チームの1人がマイクを持った。

「このリングに、5人のレスラーと、1人の練習生がおるなぁ！」

初陣に臨む鷹木を蔑視した挑発ととれなくない。言ったのが、この2年後、会場にいた森喜朗元首相を「悪そうな顔しとるのォ」とディスった〝brother〟YASSHIとなればなおさらだ。だが、これは、反語だった。

「期待の新人・鷹木信悟」。デビュー1週間前に刊行された『週刊プロレス』の見出しである（2004年10月13日号）。いわばまだ新弟子待遇にもかかわらず、何とカラー2ページで大特集。「普通の練習生っていう感じではなかったんですよね」とCIMAが言えば、滅多に会場に来ない当時のDRAGONGATEの社長、岡村隆志は鷹木を見て、こう言ったという。「アイツはどこのユニット所属なの？」。肉体的に仕上がっていたのだ。「入門した時から中堅レスラーのオーラと態度だった」（望月成晃）なる熟成さながらの意見もある。新人離れしていたのである。

きっかけは、高校生の時、家族にプロレスラーを目指すことを明かした時の父の返答だった。「柔道でインターハイにも行けんのに……。プロの世界は、そんなに甘いもんじゃないぞ」柔道部では主将も務めた鷹木。その代が22年ぶりに関東大会に出場していた。だが、校内を揺るがせたわけでも、クラスメイトの口の端に上ったわけでもない。実家は山梨県中央市。家を出ると、眼前に富士山が見えた。「自分もいつか日本一に」と、本当に幼少期から思っていた。

一念発起し、まず卒業後、上京し、スポーツの専門学校へ。トレーニング理論や栄養学について学び、既にプロレスラーの登龍門として名を馳せていたアニマル浜口トレーニングジムへ。同時期のジム生に内藤哲也がいたのは有名な話。内藤自身の、こんな告白もある。「ほとんど俺、（スパーリングで）鷹木に勝ったことなかったから、俺にとって彼は嫉妬の対象でしかなかったからね」（2019年8月4日／大坂府立体育会館）。そんな切磋琢磨もあったが、鷹木は自分を高めるのに一心不乱。浜口に「体を大きくしろ」と言われれば食べまくり、体重は74kgから一気に90kgへ。体の重さを感じ、絞る必要を感じると、浜口の助言もあり、お次はボディビル大会を視野に。1年目は参加しただけだったが、2年目には優勝。夢を努力で実現させて行った。

DRAGONGATEを選んだのは、「観る者を惹きつける魅力に溢れていた」から。デビュー戦に話を戻せば、その6人タッグマッチ自体が、実は初代オープン・ザ・トライアングルゲート王座決定リーグ戦の公式戦だった。しかも、トリオを組むパートナーはCIMAとTARU。2人とも、DRAGONGATEの前身である「闘龍門JAPAN」の旗揚げメンバーという大御所である。プラス、何を隠そう、鷹木自体にもデビューと同時に重要過ぎる称号がつくことになっていた。DRAGONGATEは、2004年7月に、闘龍門JAPANを改称して新発進した団体。その発足3ヵ月後にデビューした鷹木は、同団体初めての新人選手だった。つまりは、DRAGONGATEの生え抜き、第1号選手だったのである。

鷹木はこの期待に応えた。デビュー4年目には団体の至宝、オープン・ザ・ドリームゲート王座を奪取。同年にはプロレス大賞の技能賞を受賞。「熱い闘いが見せられる選手を」と小橋建太がプロデュースする興行「Fortune Dream」にも第2回大会から参加。2014年12月、

2017年6月と、いずれもメインを務めた。さらに、レスラーへの評定には一層厳しいことで知られる長州力の、初プロデュース興行にもお呼ばれ。「今の時代、プロレスラーという言葉は使いたくない。『プロのレスラー』として、やるべきことをやって上がって欲しい」と長州が言うリングで、こちらも堂々メインにエントリーされた（Wメインイベントの第1試合、鷹木、丸藤正道vs田中将斗、マサ北宮／2018年1月14日）。2012年からは地元、山梨で凱旋興行「風林火山」を毎年開催。その都度招聘された、大物ゲストが凄い。武藤敬司、大仁田厚、小島聡、曙……etc。無論、迎撃したのは鷹木。時に相手の体が一回転するようなそのラリアット、「パンピングボンバー」を始めとする、気風のいいファイトぶりに、武藤には、「あの人も（「風林火山」に）出たがってたよ、グレート・ムタが」と言わしめ、大仁田からは「電流爆破のリングに入る勇気はあるか⁉」と挑発された。実際、武藤からは当時の拠点「WRESTLE-1」への参戦オファーが届き、快諾（2017年9月2日）。大仁田とは、そのパートナーとして、電流爆破マッチのリングに上がっている（2014年11月3日）。ちなみに、DRAGONGATEからは、初めての同デスマッチ参戦者となった。また、曙は、肉体改造を鷹木に相談。有用なジム（「ミッドブレス虎ノ門」）を紹介され、14kgの減量に成功している。

座右の銘は、竜が雲に乗って現れることを転じて、能力を発揮する機会を得て英雄が世に出ることを例えた「飛龍乗雲」、そして、「我道驀進」。己が信じた我が道をまっしぐらに突き進むという意の後者の4文字を可視化したかのように、どんな試合でも一途に全力投球。初のアメリカ遠征時には、日本への参戦経験もあるホミサイドと凄絶にラリアットを打ち合い、右手首を骨折（2006年7月。全治2ヵ月）。洋の東西を問わなかった。メキシコでミル・マスカラスと当たった際は、その突貫ファイトで彼を怒らせたというから、もう本物である（?）。

団体の顔と言っていい、オープン・ザ・ドリームゲート王者期、新日本プロレスの会場に現れたこともあった。2016年1月4日の東京ドーム大会である。全試合が終わると、語った。「新日本は何万人も客が入ってる。ウチはどう頑張っても1万が限度。その差はなんなのかって……」。言葉そのまま、純粋な視察であった。前年（2015年）のプロレス大賞に、DRAGONGATEから1人も選ばれなかったことを気に病んでいたという。「もっと、対世間を考えなければ。プロレス界全体に良さもわかるように、外にも打って出なければならない」（鷹木）。他ならぬ自身がそうして来たのは見て来た通り。それは、生え抜きとしての責任感だった。

郷土の英雄、武田信玄を表す〝信〟の字を名付けられて育った。筋骨隆々の肉体ながら、コスチュームがWショルダーの理由は、背中に言葉を背負えるから。それこそ時により「我道驀進」「風林火山」、さらには「常在戦場」「臥薪嘗胆」などの文字が踊った。「命をかけて闘う」という惹句も、こと鷹木に関しては本心そのもの。折に触れての神社通いを欠かさず、特に元旦と終戦記念日は必ず靖国神社に参詣。入場時に着用する木製の首飾りは伊勢神宮の御神木を用いたもので、併せてチベット産の水晶も連結部分を彩り、ペンダント部となる真ん中には勾玉が。こちらは世界遺産、並びにパワースポットとしても有名な、屋久島の屋久杉から作られたものだという。言うなれば、自身の守り神。2013年7月、2度目のオープン・ザ・ドリームゲート王座に輝いた時、その方面では高名な企業の社長から贈られたものだった。だが。

以降、鷹木がその首飾りをしない試合が増えて行った。

「鷹木さんのキーホルダーだけ、50個くらい余ってるんです」そう、グッズ売場のスタッフに言われたのは、2015年の5月頃のことだった。「だから、折を見て、売店に立ってもらえませんか？」。この1ヵ月前、DRAGONGATEの人気10選手のキーホルダーが発売。各々100個程度作られていたという。「それか、買い取ってもらって、お知り合いにあげていただくとか……」。

「鷹木は、ウチには珍しいタイプ」鷹木がデビューした時の、CIMAの所見である。まさにその2004年、朝日新聞にDRAGONGATEの記事が掲載されたことがあった。「新戦力にビジュアル格闘技　フジテレビ『ドラゴンゲート』起用」（7月13日付・夕刊）。同局のイベントにDRAGONGATEが登用されるという内容で、こんな風に紹介されていた。「スピード感あふれる戦いに、ダンス、トーク、笑いや涙も盛り込んだ『感動ファイティング・エンターテインメント』「フジはK－1やPRIDEといった勝ち負け重視の格闘技を放送しているが、エンターテイテインメントとして見せることに重きを置くプロレス団体も取り込む」。ひたすら闘志と強さを前面に押し出す鷹木と、どこか相容れなかった。まして、その新人離れした威容とタフさから、自然、ヒール側と見なされていく。鷹木自身、「ストロングルチャ」を提唱した新世代軍・ミレニアルズに、「その言葉自体がおかしい。プロレスはそもそもストロングなものだから」と毒づいたこともあれば（２０１４年７月）、地味さを逆手に、ユーモアもまぶして長期に渡り愛されていた大人気ユニット、ジミーズの解散時には、こう言い放った。「ＤＲＡＧＯＮＧＡＴＥのヌルさの象徴が消えたな！」（２０１７年９月）。ファンに「ヒールでも頑張ってください」と言われたこともあるという。「安っぽい言葉だよな。別に悪役とかヒールという感覚はない。自分がやりたい環境を作るために周りを全て敵に回してるだけ。自己表現しやすいようにしているだけですよ」（『週刊プロレス』２０１６年2月24日号）と言いつつも、こんな吐露も。「プロレスというのは闘いであり、迫力を見せていくもの。当然のことをやっているのに、それがＤＧ（ＤＲＡＧＯＮＧＡＴＥ）の中で異質に思われてしまう」（同『週刊プロレス』）。極めつけは、お笑い担当の選手が持つ「オープン・ザ・お笑いゲート王座」戦（２０１８年3月6日）。試合結果でなく、観客の拍手の量で保持者が決まるこの一戦、試合中、いつもの圧力たっぷりのファイトを見せたにも関わらず、拍手が多かったのは、鷹木のほうだった。「（王座奪取は）無しだ！」とあがく鷹木に、笑う観客。鷹木は胸中を、試合直後のツイッター（現「Ｘ」）に驚くほどぶちまけた。「ふざけるな。こんな茶番認めるか。俺はいっさい笑いなんか取ってない。客が悪ノリしてるだけじゃねーか」「怒りを通り越して普通にガッカリしてる。（中略）笑われるのは嫌だけど、まだ仕方無い。しかし　笑わせるのはないな。俺はプロのプロレスがやりたい」……。

その前年の7月のことだ。無造作にプロレス誌2冊を購入し、お気に入りのカフェに入った鷹木を、驚かせたことがあった。ひとつは『週刊プロレス』、もうひとつはスポーツ雑誌『Number』のプロレス特集だったが、よくよく見ると、表紙は同じ人物だったのだ。

（内藤……！）

前述のように、浜口ジムの同期。しかも2つ目は、同誌がおこなった現役プロレスラー対象の人気投票で1位になったがゆえの表紙獲得だった。

そのまた前年の6月、母校の柔道部を鷹木は訪れた。思い出の品が保管されていた。フラッグだ。既出のように、3年生当時、主将を務めていた同部が、22年ぶりに関東大会出場を決めた際に作製したものだった。「お前は、本当、荒くれ者だったよな（笑）」恩師は言った。

「だけど、そのガムシャラさが良かったんだ」

黒を基調とした旗に、真っ赤に書かれた2文字が躍っていた。それは確かに自分の筆跡だった。

『闘魂』

「これが鷹木信悟の出した答えだ」。２０１８年10月7日、ＤＲＡＧＯＮＧＡＴＥを退団し、フリーとなった鷹木は、翌日、両国国技館に登場し、新天地で試合を展開した。それは、〝燃える闘魂〟アントニオ猪木を始祖とする、新日本のリングであった。内藤哲也率いるロス・インゴベルナブレス・デ・ハポンの新メンバーとして加入したのだ。試合後、前掲の言葉に続き、語った。

「内藤のおかげで一歩踏み出す勇気をもらったよ。環境を変えるというリスクはあるかもしれないが、ハイリスク・ハイリターン。リスクがなければ大きな成功はない。俺はこれからも必ず我が道を突き進むだけだから目を離すな」

２０２１年６月には、新装なった新日本プロレスの最大タイトル、ＩＷＧＰ世界ヘビー級選手権を奪取。ほどなく、以下の横断幕が貼られた。『祝　ＩＷＧＰ世界ヘビー級チャンピオン　プロレス界の真のてっぺん目指して、龍の如く駆け上がれ！』。柔道部の関東大会出場ではかなわなかった、母校が作成し、校舎前に掲示してくれたものだった。

「Ｏｈ！」鷹木のパンピングボンバーの動画を目にしたハンセンは、喚声とともに、続けた。

「ベリーナイス！　ベリーグッド!!」

トンボの柄は、地元、山梨では有名な、前にしか進まないことを意味する意匠。鷹木はこれからも、自分が信じた道を、驀進して行く。

DEBUT 19

2006.5.27

埼玉・草加市スポーツ健康記念体育館

◯宇和野貴史（逆エビ固め・9分4秒）内藤哲也●

内藤哲也

「目標の選手ですか?
一応、いるんですけど、
今は伏せておきたいと思います」

内藤哲也
Tetsuya Naito

1982年6月22日生まれ。東京都足立区出身。アニマル浜口ジムにて基礎を学び、2005年新日本プロレスに入門。翌年5月27日デビュー。2008年に高橋裕二郎とNO LIMITを結成し、IWGPジュニアタッグや同タッグ王座に戴冠。2013年「G1 CLIMAX」で初優勝を果たす。2015年5月のメキシコ遠征でロス・インゴベルナブレスに加入し、「ロス・インゴベルナブレス・デ・ハポン」(L・I・J)を始動。2016年オカダ・カズチカを下し、IWGPヘビー級王座を初奪取。2017年「G1」で2度目の優勝。2020年に史上初となるIWGPヘビー&IWGPインターコンチネンタル王者の二冠を達成。2021年にはSANADAとのタッグでIWGPタッグ王座を奪取。2023年、3度目の「G1」優勝を果たす。

新日本プロレス・後藤洋央紀が、神奈川県の足柄で、マスコミ公開のもと滝行をおこなった時だ。得たものを問われ、後藤は言った。「無の境地に入った！」。

3日後、あるレスラーが以下の反応を残した。

「わざわざマスコミを連れてって、言うことが『無の境地』って、どういうことだよ！」

当代一の人気レスラー、内藤哲也であった。

全試合終了後の試合会場。既にリングの撤収が始まっているのに、メインを終えた内藤がコメントを出し続けているのは、珍しくない光景だ。その内容は、主に対戦相手について。なにせ、彼のスマホのメモ帳には、各レスラーが前日、もしくは当日のそれまでに発した発言が、仔細に保存されている。狙いはコメントのキャッチボール。「プロレスにおいては、試合内容同様、選手の発言が大事」が内藤のポリシー。選手が何を考えているかを発信し、ファンをその潮流に引きずり込む。彼をリングの中心人物たらしめたのは、こういった計らいによるところも大きい。

そんな内藤が、闘いたい相手を黙秘したことがあった。曰く、

「目標の選手ですか？　一応、いるんですけど、今は伏せておきたいと思います。実力をつけて、その人と当たって、その人を超えたいですね」

それもそのはずだ。内藤がこのコメントを発したのは、デビュー戦を終えた直後であった。言

うなれば、プロになって初めての発言がこれだったのである。ふてぶてしくも、それは、確かに彼なりの未来を見据えたものであった。

プロレスファンの父親のもとに生まれ、幼い頃からその膝の上で『ワールドプロレスリング』を鑑賞してきた。初めての生観戦は1987年8月19日からの新日本プロレス両国国技館2連戦。旧世代と新世代の選手がその覇権を争う『サマーナイト・フィーバーin国技館』。初日のメインはアントニオ猪木、坂口征二、藤原喜明、星野勘太郎、武藤敬司vs藤波辰爾、長州力、前田日明、木村健悟、スーパーストロングマシンのイリミネーション・マッチという、今見てもファンにはヨダレものの好カードだ。しかし、内藤は若干5歳。「ほぼ、記憶にないです」と笑う。だが、うち1人のファンになるのに、それほど時間はかからなかった。それはこの時、錚々たる面子の旧世代軍に入れられたキャリア2年10ヵ月の新鋭、いわば期待のホープ。そう、武藤敬司だった。

1990年4月の凱旋帰国後、その華麗なファイトで人気が爆発。内藤もそのファンになった1人で、Tシャツ、フィギュアの類を集めるのは勿論のこと、愛読書は橋本真也、蝶野正洋を含む〝闘魂三銃士〟のノンフィクション『烈闘生』。録画した武藤の試合ビデオは擦り切れるほど見返した。とはいえ、勝ち試合が主で、髙田延彦にリベンジを許した試合（1996年1月4日）など、マッハの速度で消したことも。思い入れが尋常じゃなかった。

特徴はもうひとつ。スロー再生を多用した。つぶさに観る。武藤の腕の取り方、足の捉え方、全身の使い方……etc。おぼろげながら、プロレスラーへの道を意識していたのだ。1997年6月5日、日本武道館大会における生観戦で、それは確固たる目標に。橋本真也戦に臨む武藤の入場に、満場の視線が注がれていた。自分もこんな存在になりたい、いや、なるんだと誓った。

先んじるが、武藤と内藤は2012年1月4日にシングルマッチを行う。試合後、内藤は言った。「幻想だよ、幻想。武藤がすごいのは幻想だよ。でも、それを幻想だって証明できなかった」惜敗したのだ。にしても、そこには憧れ、夢、悲願……どの感情の発露もさっぱり見出せなかった。これが正真正銘、初の手合わせだったにも関わらずである。「俺に求められてるのは善戦でもなんでもなくて（武藤からの）勝利のみ。時計の針を逆に戻してしまった」。

理由はある。武藤はこの約10年前の2002年2月に、全日本プロレスに移籍。すると、内藤の部屋から、武藤のフィギュアが消えた。自ら処分したのだ。

内藤は武藤ファンである以上に、生粋の新日本プロレス信者であった。

夏の風物詩、「G1 CLIMAX」のオーラスとなる両国国技館の連戦は、1997年の最終戦から全戦観戦。もちろん、自分が新日本プロレスに合格し入寮する2005年12月までの記録だが、この時点で、会費の継続もあるが、内藤自身、新日本プロレスのファンクラブの会員でもあったというから恐れ入る。しかれども、その古来からの特典のひとつ、「東京ドームの花道を歩ける権」を、頑なに拒否したのも内藤らしかった。(東京ドームの花道を歩くのは、自分がプロになってから!)と決めていたのだ。後楽園ホールで観戦の退出時には、表階段のある北口を使った。新日本の若手選手、つまりはヤングライオンが案内のために常駐しており、すれ違う際、自分の体とのサイズの違いを確認できたのだ。鍛錬により、力も入るのだった。もともとプロレス好きファミリーに生まれている。反対など、あろうはずがなかった。自分なりの目標も3つ立てた。「新日本プロレスのレスラーになること」「東京ドーム大会のメインに立つこと」「20代のうちにIWGPヘビー級王者になること」。

1999年10月10日、その内藤の視野に、ある選手が入って来た。この日は東京ドーム大会の前日の後楽園ホール大会。タイトルも同大会の〝前夜祭〟と銘打たれ、タイトルマッチの調印式の類がメインで、試合はヤングライオンのデビュー戦2試合のみ。これを生観戦しているわけだから、内藤の新日本マニアぶりもわかろうものだが、うち1人が、内藤の目を釘付けにした。棚橋弘至だった。パンプアップされた体に、新人離れしたマットさばき。デビュー戦を観ていること自体、思い入れは格別だし、当時の棚橋の属性も思いを後押しした。武藤の付け人だったのだ。武藤が全日本プロレスに移籍後、内藤の〝棚橋推し〟は、ますます加速した。

『週刊ファイト』に連載されていた棚橋のコラムは、切り抜いて冊子にした。武藤から全日本移籍の誘いもあったが、「僕は新日本が好きですから」と棚橋が断ったことに感動は勿論、共感を強めた。プロレスラーを目指すために、アニマル浜口ジムに入門すると、赤地に白のラインの入った棚橋仕様のスパッツを着用。自ら買い付けた特注品だった。女性トラブルで刺傷していた棚橋の復帰戦が組まれると、夜からの用事に間に合わせるため、それだけを観て会場を出た（2003年2月16日）。棚橋がリーグ戦の決勝に出た広島大会は飛行機で観に行った（2003年4月23日。「G2 CLIMAX」を制し、棚橋がIWGP U-30王座を獲得）。そして、入寮に当たっては棚橋のTシャツを持参した。デビュー戦で目標と語り、倒したいとした選手は棚橋だった。

そのデビュー戦は惜敗するも、その後は順風満帆。初勝利の試合はその年の「ヤングライオン・ベストバウト賞」を受賞（2006年10月29日・平澤光秀戦）。それ以前に、獣神サンダー・ライガー、金本浩二などを相手に「内藤哲也・試練の5番勝負」が組まれているのも凄い。プロレス好きではなかった母親まで、都内の会場に日参するようになった。

デビュー翌々年の2008年10月には、初タイトルのIWGPジュニアタッグ王座を奪取。「早く家に持って帰って来い」と父を喜ばせた。棚橋とは、この年の暮れに早くも初シングル。惜敗したが、棚橋に「〝こだま〟より速いスピードで成長している」と言わしめた。「〝光〟のスピードで進化している」という自称が口癖の棚橋のウィットだったが、賞賛に変わりはなかった。その また2年後にトーナメントで棚橋と再戦すると、なんと勝利を収めた。翌2011年10月にはその棚橋の持つＩＷＧＰヘビー級王座に挑戦。当時、29歳と4ヵ月であり、夢の実現を果たすかと思われたが敗退。まだ、新日本プロレス復興とは言われない時期で、会場の両国国技館は、1階の後列2列を暗幕で覆う状態。されども、試合はこの年の（『東京スポーツ』制定）「プロレス大賞」の年間最高試合賞を争う白熱のベストバウト。勝者の棚橋は内藤の手を上げ、地声で叫んだ。

「俺らが新日本を盛り上げて行くからな！」

その宣言は翌年以降、当たった。ただし、その半分。「俺ら」の中から、内藤は外れて行った。

「ブシロード、新日本を買収」。２０１２年1月31日、驚きのニュースが流れ、新日本プロレスのリング上も様変わりして行く。凱旋帰国を果たした〝レインメーカー〟オカダ・カズチカがＩＷＧＰヘビー級王座を奪取（2月12日）。同王座の連続防衛記録を更新し続けていた王者・棚橋を下しての戴冠だけに、今に伝わる大番狂わせだった。そして、そのオカダの初防衛戦の相手は内藤。新時代幕開けを思わせる名勝負だったが、内藤は敗退。試合後、内藤は語った。「俺は〝生え抜き〟としてのプライド、常に持ってやってるんで」。両者は若手時代、寮で相部屋だった。意気投合し、2人で遊びに行ったことも何度もあった。だが、オカダはプロレス養成学校「闘龍門」を卒業し、新日本に入団した経緯がある。ファン時代から新日本プロレス一筋だった内藤にとっては、そこは相容れぬ存在だったのだ。ましてオカダはこの時、若干24歳だった。6月生まれの内藤は29歳9ヵ月。20代でのIWGPヘビー戴冠を果たすまで、もう時間がなかった。

6月のIWGPの挑戦者に棚橋が決まると、「俺がタッグでもオカダに勝ったら、挑戦者決定戦をしろ」と、無理な要求。「オカダvs棚橋ということでチケットを買っているのに」と、ファンから抗議の電話まで入った。目標かなわず、30代に突入した1ヵ月半後には、試合で右膝靭帯を断裂。ロクに動けぬ重傷である。ところが、10月まで試合には出続けた。欠場してしまえばオカダとの差は開くばかりという焦りがあった。結局、ドクターストップがかかり、翌年の6月に復帰。同年の「G1 CLIMAX」を制し、翌年1月4日の東京ドーム大会でオカダの持つIWGPヘビー級王座に挑戦。復活かと思われたが、同日、中邑vs棚橋というBIGカードが組まれ、ファン投票で順位を決めると、何と実質セミファイナルに格下げ。試合も完敗した。

これ以降、内藤に本格的にブーイングが飛ぶようになった。「どうしてなんでしょうね（苦笑）？跳ね返して、夢を掴みます」と気丈に語ったが、語れば語るほどブーイングは増大。この傾向は翌年も続き、遂には内藤のイベントの動員が減ったことも。この時期、筆者も団体公認の書物の仕事に携わったのだが、巻頭から、棚橋、中邑、オカダと、ページの割り当てが決まる中、最後まで内藤の名は出なかった。母親はいつしか、会場に来なくなった。

プロレス・マニアじゃないゆえに、常に試合を好意的に観てくれた母。だが、観戦後一度だけ、意見されたことがある。

「あんた、休まないで試合に出るなら、もっとちゃんとしなさいよ」

2013年9月、内藤が靭帯を断裂し、コンディション最悪ながらも、頑なに試合出場を続けていた時期だった。

新日本のために戦って来た。振り返れば、内藤の入門テストが行われたのが2005年の11月3日。ただ1人、合格し、入寮したのが同年12月1日。この間の11月14日、新日本プロレスは激震。株式会社ユークスに株を売り渡した。要は、新日本プロレスが他の企業のものになってから初めて入った選手が内藤だった。後年、先輩・永田裕志に、何度も言われた。「お前、新日本があんな大変な時に、よく入って来たな……」。永田にとっては感謝であり、内藤にとっては誇らしい言葉だった。双肩にかけられた期待が大きかったのは間違いない。されど、余りの団体愛ゆえ、それが肥大してはなかったか。母の忠告は、婉曲的にそれを突いていたとも言えた。

2015年5月、メキシコ遠征に出た。何かを変えねばと自ら希望したものであり、会社も了承。なのに、寂しかった。なぜなら新日本プロレスはシリーズ中だったのだ。「日本にいなくてもいい選手」と言われた気がした。一方で、現地での内藤は水を得た魚。なにせ、日本のようなブーイングが飛ばないのである。かさにかかって攻め込んだ時、仲間が叫んだ。

「ナイトー！　トランキーロ！（落ち着け）」

「トランキーロ！　あっせんなよ！」

中毒性の高いマイクアピールとともに帰国した内藤は、メキシコ発のユニット名もそのまま持ち込む。その名も「ロス・インゴベルナブレス」（制御不能な奴ら）。その看板通り、今までとは別人のように、好き勝手に暴れまわった。中邑のWWEへの移籍にあたり壮行試合が組まれると、「これが日本の他団体行きでも壮行試合になったわけ？」と噛み付いた。オカダ・カズチカを売り出すための「2億円プロジェクト」がオーナーから発表されると、「他の選手はどんなに頑張っても、オカダの上には行けないということですか？」。棚橋に一騎討ちを申し込まれた際、〝棚橋になれなかった男〟と挑発されると、「むしろ、棚橋程度にならなくて良かったですよ」。

気づくとどうだろう、内藤へのブーイングは皆無に。そして、今までにない大声援が、内藤に浴びせられていた。軍団名に「デ・ハポン」（日本の）を付けたマイクでの締めは、会場全体で合唱だ。実況アナが叫ぶ。「夢を語らなくなった内藤に、ファンが夢を見始めている！」。

「自分の思うまま、自分のためだけにやって行こうと思った」と、この2015年を振り返る内藤。そんな我流を決めてから翌年、翌々年、2020年と、プロレス大賞のMVPを受賞。完全にマット界の中心人物に。だが、前出の中邑の移籍とオカダのプロジェクトに対する揶揄の後、こう言葉が続いていたのを忘れてはならない。「新日本プロレスの選手が他団体に行くことって、そんなに誇らしいことなんですか？」「もっと、団体全体のために、お金を使って欲しいな……」そして、件の棚橋との一騎討ちに勝利すると、さりげなく、倒れた棚橋の左胸をチョコンと叩き、深々と一礼した。根底にある想いは変わらぬ一方で、2018年4月29日、震災による被害から2年5ヵ月ぶりの開催となった熊本大会では、こんなマイクアピールを送っている。

「2年前、ここ熊本で大変なことが起こりました。今もあの時の傷を持っている方々、沢山いらっしゃると思いますが、だからこそオレは言いたい。変わらないこと、諦めないことはもちろん大事。でも、変わろうとする思い、変わろうとする覚悟、そして！　一歩踏み出す勇気も俺は大事なことじゃないかなって思います！　だから、われわれロス・インゴベルナブレス・デ・ハポンはプロレスを通じて、一歩踏み出す勇気をみなさまに与え続けていきたいなと思います！」。そして、マイクを付け足した。「さらに進化したわれわれロス・インゴベルナブレス・デ・ハポンのプロレスを、熊本の皆さま、楽しみに待っていてください！　つまり！　次回の熊本大会まで！　トランキーロ！　あっせんなよ！」。

家族の変化もあった。来なくなっていた内藤の母親が、2017年の「G1 CLIMAX」決勝戦の会場に、約3年ぶりに現れたのだ。内藤はこの日、試合を制し、優勝。試合後、母親は来場の理由を語った。「最近、凄い人気らしいって聞いて。でも、私としては、『本当なのかしら？』って確かめたくて……」。

その表情には、隠し切れぬ嬉しさが滲み出ていた。

DEBUT
20

2010.8.24

新木場1st RING
◯三上恭佑（逆エビ固め 8分28秒）高橋●

高橋ヒロム

「親にもこんないい名前をつけて
頂いたのに、申し訳なく思ってます」

高橋ヒロム
Hiromu Takahashi

1989年12月4日生まれ。東京都八王子市出身。2009年新日本プロレスに入門、翌年8月24日、三上恭佑を相手にデビューを飾る。2013年のイギリス武者修行から始まり、メキシコ、アメリカのマットで活躍するようになり、2016年に凱旋帰国、内藤哲也率いる「ロス・インゴベルナブレス・デ・ハポン」に加入し、CMLL世界スーパーライト級王座を手中に収める。2017年にはKUSHIDAを破り、IWGPジュニアヘビー級第76代チャンピオンとなる（その後KUSHIDAに奪還されるも2018年には王者に返り咲き、2023年までに5回の戴冠を記録する）。2018年、「BEST OF SUPER Jr.」で初優勝を果たし、2020年、2021年、2022年も大会を制覇し、前人未到の3連覇を達成した。

相手のスープレックスで、首からマットに突っ込んだ瞬間、「もの凄い高熱が走った」と言う。直後に、彼は、レフェリーにこう口にしていた。

「ごめんなさい。試合、止めて下さい」

それは、意外にも、高橋ヒロムであった。2018年7月7日、アメリカはCOW PALACEという会場での出来事である。

この試合後、彼は、首の重傷、及びそれに伴うリハビリで、1年5ヵ月の長期に渡り、欠場することとなった。

新日本プロレスの元気印、高橋ヒロムは、凱旋帰国した2016年からの7年間で最も人気を上げた、いわば団体にとっても立役者と言って良いだろう。その高い支持を物語るように、本人が語る夢も、「IWGPジュニア王者としてIWGPヘビー級王者になって、ゴールデンタイムで試合をすること」と、でっかい。老舗スポーツ誌『Number』が行ったプロレスラーの人気投票では、7位（2018年）、6位（2019年）と、好位置をキープ。並びに、ジュニア・ヘビー級の選手としてはいずれも最高位という栄誉に俗した。ネット経由による投票者には、毎回のように本人自身の名を語るそれもあったというから、逆にそんなオフザケの浮動票をもしっかり取り込む認知度の高さもうかがえる。

なにせ自称、「新日本プロレスの放送事故」。ファンならご存知だろうが、そちらはある意味、入場時より明らか。背後から触手のような眼玉が何本も飛び出る飾り物付のド派手ガウンを披露したかと思えば、ニューヨークのイーストビレッジで購入した、超高価な手描きの一点もののレザージャケットで登場することも。一方で冬にはぬくぬくとファー付きの極彩色ガウンに身を包み、一時期は、猫のぬいぐるみを抱きながら入場。このぬいぐるみはダリル（高橋ダリル）といい、海外のプロレス・サイトでは、SNSを通じたそのインタビューが掲載されていたが、あれは一体なんだったんだろう？（因みにダリル氏には、妻と子供がいるらしい）。IWGPジュニアベルト挑戦時には、王者ウィル・オスプレイの好物というフライドチキンを持参。リーグ戦時、対戦相手用の攻略ノートを、大手メーカー、マルマンのスケッチブックで作れば、遂にはマルマンからそれがグッズ化された。

試合中も飽きさせず、バンテージには、その日の一言がマジックで記載され、石森太二と対すればその愛称の「チワワ」、田中稔と絡めばその田中不在の時期のみ活躍した謎のマスクマン「ヒート」の名が。京都の試合では「八ツ橋大好き」、レジェンド、藤波辰爾、船木誠勝、新崎人生と対し、越中詩郎、AKIRAと組んだ6人タッグでは「メンバーヤバイ」、そして、所属ユニットから仲間のEVILが去った時には「どうして」……。そういえば、新日本プロレスのレスラーで、初めて個人のYouTubeチャンネルを開設したのもヒロムだった。その発信力も認められてか、2020年にはプロレス大賞の敢闘賞も受賞。ちょうど、コロナ禍直撃の年だった。なお、受賞にあたってのコメントの一部は、「敢闘賞ぽにーーっ‼ 選考委員さんにチュポッ！ 東スポ大好きチュポ！」という、謎のものだった。

同年には、有名雑誌とのコラボTシャツも発売。名前が三角形にまとまり「ヒロムー」と胸に赤字で大書されたデザイン。オカルト情報誌『ムー』との合作であった。そう、ヒロムはこういった方面の話題には目がない、それこそ〝不思議系〟。UFOの目撃例が多いメキシコではタクシーの運転手に「いっせいにクラクションが鳴ったら現れている合図だから、上を見ろ」と教えを授かったり、実際にUFOを見たこともあるという。

中でもちょっとした自慢が、その手相。感情線と知能線がまるで1本の線になって掌を横に貫く「ますかけ線」があるのである。こちら、徳川家康を始め、佐藤栄作、小泉純一郎、石原慎太郎、手塚治虫、タモリ、明石家さんま、桑田圭祐、イチロー、そして我らがアントニオ猪木にもある線で、いわば強運&大物線。居並ぶ持ち主の名を見れば、〝天下獲りの線〟と言い換えてもいいだろう。とはいえ、「天才と狂人は紙一重」という言い方もある。手相に詳しい方に言わせると、結局、こんな運命を司る線のようだ。「大成功か，どん底か」――。

高校を卒業後に受けた、新日本プロレスへの1回目の入門テストは不合格。翌2009年3月の2回目の入門テストは〝半分合格〟。練習生を目指しての〝仮〟練習生での採用という位置づけだった。3ヵ月後の再テストでようやく本合格になるも、遅れて入って来た同期が凄玉揃い。元ラグビー選手でトンガ出身のキング・ファレ（後のバッドラック・ファレ）は193㎝、113kg（当時）の巨漢。こちらは文字通り大器とされ、翌2010年の4月に、後楽園ホールでデビュー。しかも、相手は中西学で、この日デビューすること自体も、各媒体で事前に告知されていた。鳴り物入りだったのだ。同じく同期の三上恭佑は、いくつものメダルを有したレスリングの猛者。こちらは意外にもファレより先の3月7日にデビュー。負傷した金本浩二の代役としての緊急登板だった。逆に言えば、いつデビューさせても大丈夫という信頼があったことになる。

しかし、道場には先にいたはずのヒロムには、デビューの話は、ついぞめぐって来なかった。171㎝という、レスラーにしては小柄な身長はまだしも、運動経験は学生時代の陸上部のみ。格闘技歴がまるでなく、何度も道場で先輩たちに脅かされた。「次、スパーリングで極められたら、お前、クビだからな」。

光明が差し込んだのは、2010年3月22日、兵庫・ベイコム総合体育館でのことだった。会場前、リング上でスパーリングをするヒロム。相手は中西学だった。それを、2階席で観ていた男がいた。この年の1月に凱旋帰国して来た内藤哲也だった。

「……」

後日、内藤は道場ですれ違ったヒロムに声をかけた。「俺で良ければ、プロレスを教えるよ」「……!!」。この経緯、今では内藤がヒロムを見出し、その師弟関係が生まれた美談とされるが、内藤自身は、こう振り返る。

「見てて、『あぁ、これじゃあコイツ、もうクビになるな』と」

見るべきところがなく、一種、呆れた上での救済措置だったのだ。

遂にデビューできたのは、そこから5ヵ月後の2010年8月24日。先に言及した仮の入門から、なんと1年5ヵ月が経っていた。しかも、ラインアップされたのは、若手中心の登竜門的興行「NEVER」での第1試合。相手は同期の三上。新人も新人というデビュー戦だった。結果も、既に半年近くキャリアの差があった三上に敗退。「同期なのに、こんなに差があって、情けないです」という試合後のコメントが全てを物語る。

以降も茨の道。先ず、2011年6月、ファン時代の憧れだった金本浩二と一騎打ちを行うも、わずか3分4秒、逆片エビ固めで敗退。2011年8月、全日本、NOAHを含む3団体が集い、日本武道館でおこなわれたオールスター戦「ALL TOGETHER」に出場するも、出番は各団体の若手、中堅選手が中心のバトルロイヤル。しかも、参加者26人中、最初の退場者となってしまった。翌2012年には直前で欠場者が出たリーグ戦「BEST OF THE SUPER Jr.」の会見に突然乱入し、代替としてのエントリーを直訴。平身抵頭さながら参戦を勝ち得たが、

星取りは1勝7敗だった。同年の9月には、それまで総合格闘技のリングを主戦場にしていた柴田勝頼、桜庭和志の殴り込みにあたり、その初戦に率先して名乗りをあげ、井上亘と組んで迎撃。しかし、3分3秒、柴田の蹴りで自分が3カウント負け。試合後のヒロムはノーコメントだった。2013年6月、2年連続でジュニアのリーグ戦に参加するも、この年は全敗。同シリーズの最終戦では、イギリスを皮切りに、海外修業へ出ることが発表。実は会社の方針でなく、自らが希望したものだった。「何かを変えなければいけない」そんな気持ちだったという。「今はまだ、この新日本プロレスの闘いに、まったくついて行けない自分が凄く悔しくて」というファンに向けてのマイクでの挨拶が、この3年間を表していた。

転機となったのが、メキシコで2015年1月より本格的に始まった、ドラゴン・リーとの抗争だ。「変わりたい」気持ちが強かったヒロムは、イギリスでは現地のレスリングであるキャッチに馴染もうとし、メキシコでは、まさにルチャ・リブレ流に染まろうとしていた。ところが。「彼（ドラゴン・リー）が全然ルチャをやらなかったんですよ。（中略）もう関係なくバチバチぶつかってくるスタイルで」（『新日本プロレス公式ブック NEW WORLD vol．02』のヒロムの発言より）。気づくとヒロムも熱く応じていた。しかも、「Arriba，Japón！（日本万歳！）」と連呼して。すると観客は、「México！（メキシコ！）」の大合唱。ここはヒロムの開けっ広げな性格が功を奏した。今までにないヒートを呼び、2人の戦いは人気カードに。気がつけばヒロムは、メキシコにおけるプロレスの殿堂とされるアレナ・メヒコの定期戦に12週連続で出場。完全にメイン級の選手となっていた。前掲の公式ブックには、インタビュアーとのこんなやりとりがある。

「――今の高橋ヒロム選手はメキシコで作られたんですね。

『作られたというより、〝戻った〟という感覚に近いですね。実は今の高橋ヒロムっていうのは、子どもの頃の自分なんです』

「本当にこれでいいの？ 欲しいの？」小学生時、書店で母親に何度も確認された。その手には『ムー』の最新号が握られていた。

幼い頃から、〝好き〟と〝自由〟を追求するスタイル。走るのが大好きで、幼稚園から、「リレーをするならヒロム」と名が挙がる俊足。「自分ならモーリス・グリーン（男子１００ｍの元世界記録保持者）に勝てる」と愚直に思い続け、走りは更に加速。中学、高校は陸上部で活躍して来た。

加えて、大の目立ちたがり。駅のホームを匍匐前進で往復したかと思えば、廊下の片隅にシューマイを置き、友達とダッシュで奪い合った。修学旅行時には、ホテルの廊下をパンツ一枚で疾走したことも。

プロレスとの出会いは2002年8月11日の午後。テレビ朝日で生中継されていた「G1 CLIMAX」決勝戦の蝶野正洋vs高山善廣を観て思った。（この人たち、滅茶苦茶目立ってるやん！）。時は総合格闘技ブーム。されど、ルールで縛られ膠着状態も少なくない同ジャンルより、裁量は無限のプロレスにヒロムが惹かれるのは必然だった。リー戦での開眼&凱旋帰国以降、ゴング前の入場やリングを降りてからの行動で、ヒロムがそれを存分に活かして来たのは文頭、見て来た通りだ。「形式とか関係なしに思いっきりやってやろうと」（前出公式ブックより）。だが……。

「プロレスラーになりたい？ はいはい（笑）」中学校時代、目標を語ると、その冒険的な性根を知っているはずの母親にさえ、一笑にふされた。思うように身長が伸びなかったこともあるだろう。そんなヒロムを貫く座右の銘は、幼少期より、一切変わってないという。

『一寸の虫にも五分の魂』

新日本プロレスの後楽園ホール大会では、いつしか、バルコニー席から、獣神サンダー・ライガー、金本浩二を特に応援する客としてのヒロムの姿が見られた。それは、彼らが、ジュニア戦士のスターである以上に、自分の前記のポリシーを体現してくれるヒーローだったからではなかったか。IWGPジュニアヘビー王者時代、IWGPヘビー王者の橋本真也と日本武道館のメインで一騎打ちしたライガー（1994年2月24日）、ジュニアヘビー級でありながら、『G1 CLIMAX』最終日の決勝トーナメントまで勝ち残った金本浩二……（2006年8月13日）。

（5秒75⁉）新弟子の試験官を務めていた田口隆祐は息を飲んだ。新日本プロレス道場の前で行われた50m走のタイムが、日本記録のそれと一緒だったのだ。叩き出したのは自身2度目の入門テストにチャレンジしたヒロムだった。他のテストの成績が突出はしてなかった分、得意中の得意の陸上競技のそれは屹立していた。もちろん、数字については、計測法や路面条件など、一概には言えない。だが、田口は上に申告した。「あの運動能力は捨てがたいですよ……！」。

2012年、「BEST OF THE SUPER Jr.」参戦の懇願を了承した菅林直樹・新日本プロレス社長（当時）は、こう理由を述べた。「まだまだヤングライオンで早いという声はあるかもしれませんが、彼の目を見ていただいて。やってくれると思いますので」。

柴田勝頼とのタッグで、久々に新日本マットでの試合を終えた桜庭は言った。「僕は、あの高橋っていう若い選手、けっこう威勢があってよかったなって」そして。

「気迫は伝わりましたよ。アイツはハートやな。技より気持ちのほうが強いな。凄い短時間やけど、それだけ遊びのない試合。5分1本勝負でいいわ。アイツの気持ちはうれしいですね」

2011年6月、3分4秒の一騎打ちを終えた、金本浩二のコメントであった。この時、金本はヒロムに、こうエールを送っている。

「自分の若いとき、見てるような感覚。若手は技うんぬんじゃない。気持ちが大事。（今までの）

『（BEST OF THE）SUPER Jr.』では、そういう部分が欠けていたような気もしたから。お前が出れば、俺の好きな『SUPER Jr.』が復活するから」……。

2018年6月、ヒロムは「BEST OF THE SUPER Jr.」を初制覇。金本は2012年に新日本プロレスを去り、同大会に22年連続して出場していたライガーも、2017年のエントリーが最後になった。優勝後、コメントルームで、ヒロムは以下のように語った。

「だからこそ取りたかったよね。今、象徴になるのは、この俺だ」

そして、自身の夢を改めて口にした。

「ライガーさん、金本さんの2人が成し遂げられなかった、ジュニアにしてIWGPヘビー級のベルトという快挙も成し遂げたい」

雌伏の時を経て、ヒロムは言う。

「自分自身が、自分というレスラーの一番のファンでありたいんですね。プロレスは、好きに自分を表現できる、最高のジャンルだから。カッコ良くあるか、面白くあるか、何より、その状況を自分が楽しんでるか。自分が好きでいられる、自分でいたいんです」

冒頭の『Number』誌による人気投票。「高橋ヒロム」の名で、毎年、同選手に投票している人間のデータを、編集員が見てみた。コメント欄に、こうあったという。

「本人です‼」

2018年7月7日、アメリカ、COW PALACE。ヒロムはIWGPジュニアヘビー級王者として、宿敵、ドラゴン・リーを相手に防衛戦を行った。試合中、リーの秘技であるスープレックス、ドラゴン・ドライバーを被弾し、首を故障。「ごめんなさい。試合、止めて下さい」だが、瞬間、考えたという。（待てよ。もしこれで引退なら、最後が「担架で運ばれました」じゃマズいよな）。仰向けの状態で、四肢に力を入れる。手も足も動いた。レフェリーに、言葉を続けた。「あ、やっぱり大丈夫です」その間、3秒程度の出来事だったという（ベルトは直後に返上するも、試合には勝利し、2度目の王座防衛に成功）。

2019年12月に復帰し、翌年1月4日に東京ドームで、IWGPジュニアヘビー級王座を再奪取。翌日の5日にはライガーの引退試合となるタッグマッチの相手を務め、自ら引導を渡した。そして同年末、「BEST OF THE SUPER Jr.」を再制覇。折しも2020年。コロナ禍の直撃を受け、春先から初夏の興行は全て中止。5月に行われるはずだった同大会も11月～12月、タッグリーグ戦と同時に開催されることに。それぞれの決勝戦は12月11日にダブル・メインイベントとして行われたが、最後を締めたのは、ヒロムが優勝したジュニアの決勝だった。会場は、9年前、バトルロイヤルで最初に退場した、日本武道館であった。戴冠後、ヒロムは、コロナ禍を踏まえ、マイクで告げた。

「新日本プロレスは、まだ困難に打ち勝たなきゃいけない時期にある。俺たちプロレスラーができることは、プロレスをすることだけだ！　俺たちプロレスラーが、思い切りプロレスをして、みんなに元気を与える！」

完敗でデビューした際、ヒロムはこんな言葉も残していた。

「親にもこんないい名前をつけて頂いたのに、申し訳なく思ってます」

ヒロムの本名は、広夢。子供の時の自由を思い出し、子供の頃からの信念を貫き、ヒロムの夢は、これからも無限に広がって行く。

DEBUT
21

1951.10.28

メモリアルホール
△力道山（10分時間切れ引き分け）ボビー・ブランズ△

力道山

「こんなに疲れたことは、私の10年間の力士生活の勝負のあとで一度もなかった」

力道山
Rikidouzan

1924年11月14日生まれ。日本統治下の朝鮮咸鏡南道洪原郡出身。大相撲二所ノ関部屋に入門し、1940年初土俵、1949年関脇に昇進したが、1950年に力士廃業。1951年からプロレスリングに取り組むようになり、1953年に日本プロレス設立、1954年に世界タッグチャンピオンのシャープ兄弟を迎え撃つ興行を敢行し、空手チョップで海外の強豪を叩きのめす姿が勃興期のテレビ中継で全国に伝えられ、プロレスブームの礎を築くことになる。同年、木村政彦を破って初代プロレス日本選手権者となり、1958年、ルー・テーズを下してインターナショナルヘビー級、1962年フレッド・ブラッシーを破りWWA世界ヘビー級など、多くのタイトルを獲得。ジャイアント馬場、アントニオ猪木など多くの後進も育成したが、1963年12月8日、暴力団員に盛り場での喧嘩の末に刃物で刺され、その傷がもとで15日に死亡した。

「男・山根」と言えば、元日本ボクシング連盟会長、山根明さん。2018年、同職からの辞任騒動が話題となった、あの人である。筆者も一度、氏の地元の喫茶店でお話をうかがったことがあるのだが、近い関係者間の評判同様、実に厚情に溢れた方であった。とはいえ、世間的にはまだ〝コワモテ〟のイメージで止まっているのかもしれないが。

ところでこの山根氏、元はれっきとしたボクサーである。例えば、1956年8月3日、大阪府立体育会館でのOBF東洋バンタム級タイトルマッチ（レオ・エスピノサvs大滝三郎）では、その前座試合を務めている。ところが、リングに上がり、あとはゴングを待つばかりとなったその時だ。突然、当の山根氏が、リングを降りてしまった。そして、疾走。リングサイドにいた客まで辿り着くと、言った。

「あ、握手してください！」

力道山が、そこにいた。

力道山。この後、対戦相手より先に、セコンドを務めていた父親に殴られたという山根氏のエピソードを引くまでもなく、彼こそ戦後最大、そして国民の全注目を集めたヒーローであった。現在でも、その銅像が鎮座まします墓所・池上本門寺には、参詣する人々が後を絶たない。

本格的なプロレス初披露で、街頭テレビに群がった大観衆は語り草だ（1954年2月19日）。

テレビが設置された喫茶店では、力道山の試合のある日は、コーヒーの価格が2倍になった事実も。1957年10月7日のルー・テーズ戦は東京ドームの前身と言っていい後楽園球場で行われ、3万人を動員。同試合生中継の視聴率は驚異の87%。これは日本における全番組史上、最高の数字である。もっとも、当時は電通の記入方式による算出ではあったが（当該家庭にアンケート用紙が配布され、今週どの番組を観たかを申告する形）、逆に言えば、ほぼすべての人に「力道山vsテーズは観た」記憶があったということである。1962年に始まるビデオ・リサーチでの調査では、1963年5月24日の力道山vsザ・デストロイヤーが64・0%。こちらは現在も続く同リサーチ史上、4位の高位置につけている（上位に紅白歌合戦、東京五輪の女子バレーボール決勝、ワールドカップ・サッカーの日本vsロシア）。

先のプロレス初披露の翌年には、自伝映画が公開された。しかも自ら主演（『力道山物語　怒涛の男』）。それだけでもビッグネームぶりがわかろうものだが、その後は、当時、日本に2台しかなかったキャデラックを乗り回し、プロレス用の常設会場どころか、スポーツジムやサウナ、ボウリング場まで併設したビルを渋谷の一等地に建設（リキ・パレス）。何せ口癖は「何でも一番がいい」。晩年に加入した生命保険（安田生命）も、その折のスポーツ選手の上限が200万円だったところを、驚きの3千万円（現在の貨幣価値で、約3億3千万円）。実業家であることも勘案されての特例だったが、破格も破格だった。美空ひばり、石原裕次郎、そして、若かった長嶋茂雄など、当代のスターたちとも昵懇そのもの。知られざるところでは、あの三島由紀夫も、前段のジムの会員だった。美しく強靭な身体に憧れていた三島は、ある時、力道山に問うた。

「先生、腕の筋肉をつけるには、どうすれば良いでしょうか？」

「うん。まず、腕が痛くなるまで何度もダンベルを上げなさい」

流石の根性論だ。ところが、次に、意外なアドバイスを紡いだ。

「そして、腕が痛くなったら、顔を洗いに行きなさい」

「……？」

プロレスラーになる前の力士時代、なんとも小洒落ていたことでも知られた力道山。海外ものの香水をつけ、（浴衣でなく）スーツ姿でアメリカ製のバイク「インディアン」にまたがって部屋入りし、咎められたことも。アロハシャツや革ジャン姿であったこともあるという。とはいえ、関脇まで昇進したその地力は申し分なし。厳しく稽古をつけ、ダウンした弟弟子・初代若乃花をさらにしごこうとすると、当の若乃花、何と力道山の足を歯でガブリ。そのまま逃げ出し、墨田川に飛び込んだというから凄まじい。力道山がプロレスにおいて黒タイツを着用したのは、一説には、この時の傷跡を隠すためだというオチまでついている。

然して、そんな力道山のプロレス・デビューは1951年の10月。角界を後にして約1年後のことであった。来日した外国人レスラーたちと知遇を得て、約1ヶ月の基本練習を経ての初陣。試合は、基本技のヘッドロックやトーホールドはもとより、後の空手チョップの原型と言っていい張り手も見せ、10分1分勝負を闘い抜き、時間切れ引き分け。相手はハワイ・タッグ王者にも輝くベテラン、ボビー・ブランズ。健闘と言って良いが、試合終了後の力道山は、控室に横たわり、ただ、天井を見上げていたという。知己の者が話しかけても、無言で答えた事実も伝わっている。

後に自伝にて、デビュー戦を、こう振り返った。

「こんなに疲れたことは、私の十年間の力士生活の勝負のあとで一度もなかった」（自伝『空手チョップ世界を行く』より）

あまりの疲労困憊で、声が出せなかったのだった。

「顔を洗った後、どうすれば良いでしょうか？」

「いや、違う」

力道山は、三島由紀夫を制して、言った。

「洗面所に行って、顔が洗えるようならまだまだ。再びダンベルを上げて……。顔を洗おうとしても、腕が上がらなくなるまでやりなさい」

「！」

1からのスタートだった。アメリカでのレスラー修業。砂浜を何時間も走り、ジムに行けばこれまた数時間のトレーニング。先んじるが、2年の修練の後、帰国した力道山を観た関係者は驚いたという。体型がまるで変わっていたのだ。力士時代と逆に、腹は引っ込み、胸の筋肉がせり出していた。必殺の空手チョップを生み出す右手も同様。「拳道会」創始者の空手家、中村日出夫に師事。手刀に魂を込めるため、同一個所に向かい5千回打つという荒行がもとめられるが、「そう教えると、彼は黙って1万回やっていましたね」(中村日出夫)。アメリカ修行で1年が経ったころ、仲良くなった日系米人に言われた。

「空手チョップの威力を、見せてほしい」

日本で真っ二つにしたことのある、レンガ割りにチャレンジしたが、とんだ思惑違い。粘土が主成分の日本のそれに比べて、アメリカのレンガはコンクリート製。ままよと手刀を打ちつけると、掌の皮が裂け、骨が飛び出る惨事に。しかし、レンガは割れていた。併せて、こう回顧するのだから凄い。「私はこの一件で、空手チョップに自信をつけた」(前出自伝より)。その後は、自らの右手を木槌で叩き、その強度をつけた。同時に、帰国後、映画に出演(鶴田浩二主演『薔薇と拳銃』1953年公開)。前述の主演映画と違い、端役。だが、翌年旗揚げする自らの団体「日本プロレス」のため、顔を売っておきたかったのだ。

「日本プロレス」発進後、その空手チョップで日本中を熱狂の渦に巻き込んだのは見てきた通り。そうなれば野党が出て来るのも世の常。「野蛮だ」「子供に悪影響が」……ｅｔｃ。なので、空手チョップを使わない正統派スタイルで闘ったことがあった。後日、美空ひばりに言われた。「空手チョップを出さないリキさんは、やっぱりつまらない」。

結局、その右手とともに、獅子奮迅。オールドファンならご記憶の方もいるだろう。力道山のチョップの基本は3連打。伝家の宝刀としては、余りに惜しみなかった。１９６３年に結婚した敬子夫人（現・田中敬子）が、帰宅した夫にまずしなければならなかったことは、その右手を氷水で冷やすことだった。力道山自身の信条として、以下の言葉が残っている。

「男が人の上に立つには、方法はひとつしかない。今まで誰もやらなかったことを、死に物狂いでやることだ」。

そして、現実も、それ以外を許さなかった。

鎖骨を折り、アメフトのプロテクターを着けて戦ったこともある（１９６２年9月19日～）。出場しないという選択肢がなかった。大多数の客は、プロレスでなく、力道山を観に来ていたのだ。実のところ、前述の常設会場リキ・パレスでも、彼抜きではとても満員にならなかった。敬子との披露宴の際、招待客は何と3千人。後楽園ホールが札止めになる以上の人数である。「ちょっと多過ぎないかしら……？」と敬子が投げかけると、力道山はあっさりと返した。

「その通りだ。だけど、俺にとっては、披露宴もひとつの興行なんだ。わかって欲しい」

前妻・文子の、こんな述懐もある。「たとえばホテルやレストランで主人が食事したりしますと、『ステーキを何枚食べるか』などの興味で見られ、一事が万事、敷居を一歩出ますと否応なしに演技者にさせられるようで」（『週刊サンケイ』１９５７年11月24日号）。ブロマイドの老舗「マルベル堂」が、腕によりをかけて仕上げた自分の近影を見て、こう怒ったこともある。「馬鹿野郎！　こんなイイ男に撮りやがって！　もっとゴツゴツして強そうじゃなきゃダメだっ！」。関係者がその場で殴打を食らい、前歯が飛んだという逸話が残っている。

文字通り、「力道山」を演じていた。時に怒りをまぶさねばならぬ、その深層に、劇画作家・梶原一騎が気づいたのは、著名なホテルでおこなわれたパーティの席だった。タイトルを防衛すれば祝宴、リーグ戦に優勝しては招宴と、特に後年の力道山は宴席の類が多かった。だが、各界の名士が大挙して訪れているにも関わらず、力道山自身は、ポツンとひとりでいることも多かった。

梶原は聞いた。

「リキさん、どうしたの？」

「……いや、こんな盛りも、いつまで続くのかなと思ってね」

力道山の半生記の新聞連載にあたり取材した時、ポロリと口をついて出た言葉が梶原の脳裏に甦った。「梶原さんねえ。砂糖と塩は、見た目は同じ色でも、中身や扱われ方は違うんだよ」。それは、角界で思うように番付が上がらぬことに絶望し、自ら廃業を選んだ際のくだり。自らの本当の出自について示したものだった。

在日二世だった張本勲は、兄貴分と慕っていた力道山に聞いたことがある。「なぜ、祖国のことを堂々と言わんのですか?」その時、張本は、力道山の自宅の部屋に2人きり。力道山は、背中を丸めて、ラジオのチャンネルを必死に合わせていた。祖国・朝鮮半島の電波を探っていたのだ。瞬間、力道山から、平手が飛んだ。

「貴様に、何がわかるか!」

「……」

「みんな、俺を日本人だと思ってるから応援してくれてるんだ!」

キャデラックの助手席に敬子夫人が乗っていた時のことだ。先に触れたように、その時、2台しか日本になかった。運転席の力道山は、こう説明した。

「日本で、二番目に高いキャデラックなんだ」

(何でも〝一番〟が好きな人が?)

疑問に思った敬子夫人は、それをそのままぶつけた。力道山は答えた。

「天皇陛下より、高いのに乗るわけには行かないよ……」

空手チョップを3連打にしていた理由も聞いたことがある。頭の中で、一連のメッセージを唱えながら打っていたのだった。

「1発目は、元気。2発目が、勇気。3発目が、日本復興！　ってね」（力道山）

敬子は自著で語る。「力道山と私との秘密の世界のお話になります。（中略）理由を聞いたとき、私の涙はしばらく止まりませんでした」（『今こそJAPANに力道山！　空手チョップに込められた願い』より）

日本は、それこそ力道山がプロレスを持ち込んだ1954年から、歴史に名を残す好況に（神武景気）、1958年よりは更なる好景気に沸いていた（岩戸景気）。政府が経済白書で「もはや戦後ではない」としたこともある（1954年）。復興は果たせていた。しかし、それでも闘い続けたわけも、力道山は明らかにしている。

「プロレスを輸入した私が、個人の感情で〝明日からやめた〟ということはできない。できるまでやりますよ」（『サンデー毎日』1963年2月3日号）

「生命保険を高額にしたのは……」敬子夫人が語る。「他でもなく、プロレスラーのような危険な仕事をしていては、なかなか加入できなかったからなんです」。自分が高額の契約をすることで、配下の選手たちに入りやすくしたのだった。実際、自らの会社で安田生命の代理店を請け負うまでこぎつけた。

愛弟子、アントニオ猪木は、こう回想する。「日本に来て3年目（中略）、オヤジの指名で、俺がスパーリング相手を務めたのである。しかし、オヤジは、どう攻めても俺を極められない。最後は、俺が上になって腕を極めようとすると、『もう、この辺でいいだろう』といった感じで、軽く肩を叩かれた」(『週刊大衆』2022年2月28日号)。言うまでもなく、〝オヤジ〟は力道山。亡くなる前年、1962年のことだった。

「不思議なんですよね」初代タイガーマスクからプロレスに染まったという、その選手は語る。「自分はその時、小学4年生で、まだプロレスそのものを知らなかった。なのに、青森から旅行で親類に池上本門寺に連れられて行った時、力道山のお墓の前で、『カッコいいから、この前で写真を撮って』とせがんだんです。親戚は『縁起が悪いから駄目』と言ったんですが、自分も、『どうしても』と、頑として聞き入れなくて。その写真？　今でも大事に持ってますよ。いわば〝初心〟ですから」

それは、後に日本のプロレス界を盛り立てる、船木誠勝の言葉だった。初代タイガーマスクがデビューするまだ2年前、1979年のことだったという。

力道山がその礎を築いて、はや60年余り。プロレスは続いていく。

■参考文献

『KAMINOGE』(東邦出版)

『巨人軍の巨人　馬場正平』(イースト・プレス)

『月刊ゴング』(日本スポーツ社)

『月刊プロレス』(ベースボール・マガジン社)

『ケンドー・ナガサキ自伝』(辰巳出版)

『さよならムーンサルトプレス』(イースト・プレス)

『Gスピリッツ』(辰巳出版)

『週刊ゴング』(日本スポーツ社)

『週刊プロレス』(ベースボール・マガジン社)

『同級生 魂のプロレス青春録』(辰巳出版)

『内藤哲也 デビュー15周年記念アルバム』(ベースボール・マガジン社)

『永田さんのかんがえたこと』(エンターブレイン)

『何度でも立ち上がれ: 僕の人生、起き上がりこぼし』(⊠ キーステージ21)

『Number』(文藝春秋)

『羽ばたけヤングライオン』(ベースボール・マガジン社)

『プロレス青春グラフィティ』(ベースボール・マガジン社)

『プロレスラー 男の履歴書』(ベースボール・マガジン社)

『馬場本』(ベースボール・マガジン社)

『もえプロ♡スペシャル　オカダ・カズチカ』(パルコ)

『レボリューション―天龍源一郎自伝』(ベースボール・マガジン社)

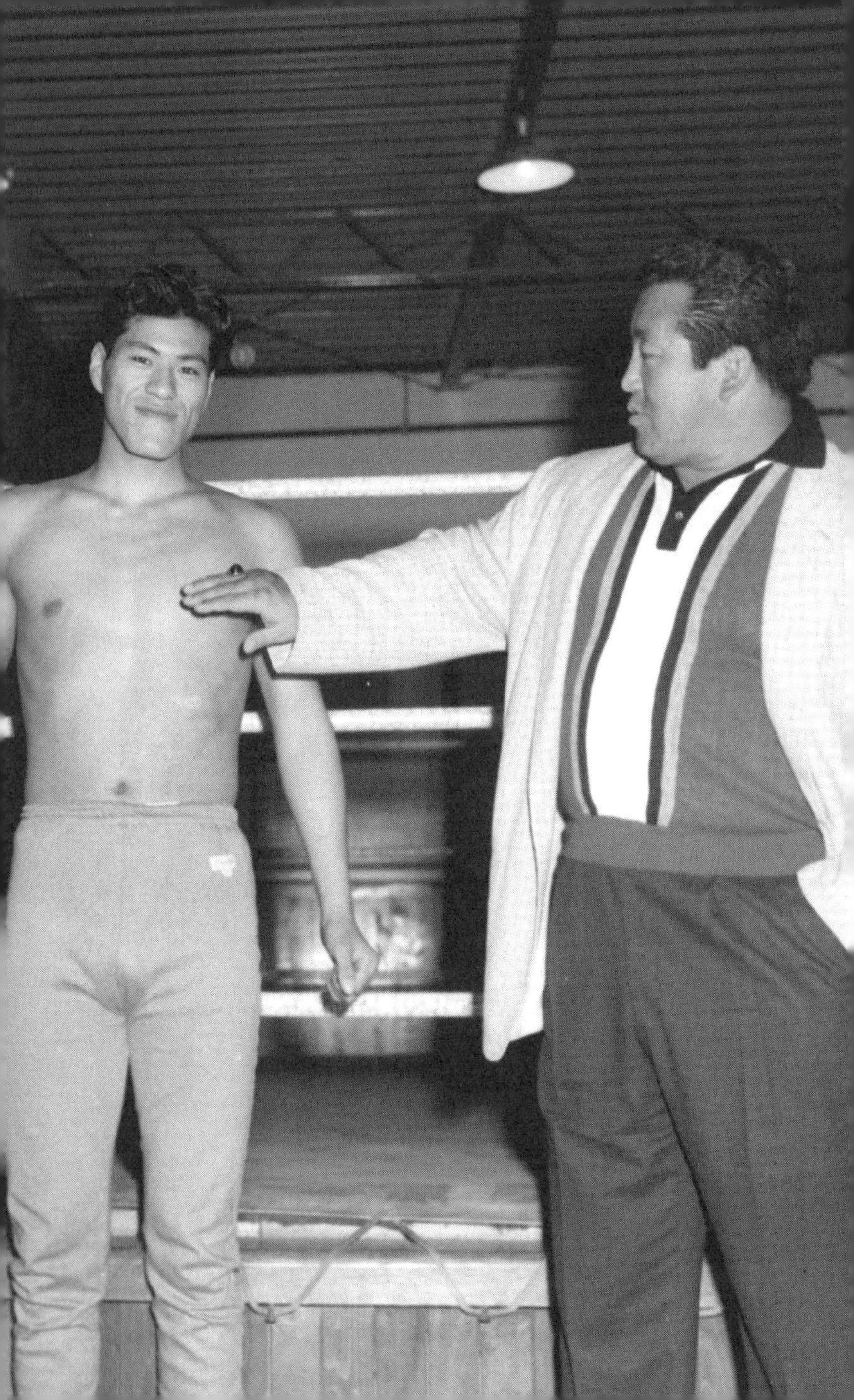

瑞 佐富郎

Saburo Mizuki

愛知県名古屋市生まれ。早稲田大学政治経済学部卒業。シナリオライターとして故・田村孟氏に師事。フジテレビ『カルトQ・プロレス大会』優勝を遠因に、プロレス取材&執筆に従事する。プロレスでの主著に『永遠の闘魂』『さよなら、プロレス』『プロレス鎮魂曲』『平成プロレス30の事件簿』『新編 泣けるプロレス』(すべてstandards)、『アントニオ猪木 闘魂60余年の軌跡』(新潮新書)、『アントニオ猪木全試合 パーフェクトデータブック』(宝島社)などがある。ネット媒体『デイリー新潮』にて執筆も。また、NHK『燃える闘魂 ラストスタンド』や、BSフジ『反骨のプロレス魂』シリーズの監修も務めている。

写真提供

山内 猛

(p160、p184、p236、p262、p274)

東京スポーツ/アフロ

(p2、p32、p72、p118、p296)

装丁

金井久幸

[TwoThree]

DTP

TwoThree

プロレスラー夜明け前
歴史をつくった21人の男たち、そのデビュー秘史と〈真実〉の言葉

2023年11月30日　初版第1刷発行

著　者　瑞 佐富郎（みずき さぶろう）
編集人　河田周平
発行人　佐藤孔建
印刷所　中央精版印刷株式会社
発　行　スタンダーズ・プレス株式会社
発　売　スタンダーズ株式会社
〒160-0008 東京都新宿区四谷三栄町12-4 竹田ビル3F
営業部 Tel.03-6380-6132　Fax.03-6380-6136
https://www.standards.co.jp/